Para

com votos de paz

/   /

DIVALDO FRANCO
Pelo Espírito JOANNA DE ÂNGELIS

O despertar do Espírito

Série Psicológica Joanna de Ângelis
Vol. 10

Salvador
11. ed. – 2023

COPYRIGHT © (2000)
CENTRO ESPÍRITA CAMINHO DA REDENÇÃO
Rua Jayme Vieira Lima, 104
Pau da Lima, Salvador, BA.
CEP 412350-000
SITE: https://mansaodocaminho.com.br
EDIÇÃO: 11. ed. (7ª reimpressão) – 2023
TIRAGEM: 3.000 exemplares (milheiro: 61.500)
COORDENAÇÃO EDITORIAL
Lívia Maria C. Sousa

REVISÃO
Christiane Lourenço · Plotino da Matta
CAPA
Cláudio Urpia
MONTAGEM DE CAPA
Ailton Bosco
EDITORAÇÃO ELETRÔNICA
Lívia Maria C. Sousa
COEDIÇÃO E PUBLICAÇÃO
Instituto Beneficente Boa Nova

PRODUÇÃO GRÁFICA
LIVRARIA ESPÍRITA ALVORADA EDITORA – LEAL
E-mail: editora.leal@cecr.com.br

DISTRIBUIÇÃO
INSTITUTO BENEFICENTE BOA NOVA
Av. Porto Ferreira, 1031, Parque Iracema. CEP 15809-020
Catanduva-SP.
Contatos: (17) 3531-4444 | (17) 99777-7413 (WhatsApp)
E-mail: boanova@boanova.net
Vendas on-line: https://www.livrarialeal.com.br

Dados Internacionais de Catalogação na Publicação (CIP)
(Catalogação na fonte)
BIBLIOTECA JOANNA DE ÂNGELIS

F825	FRANCO, Divaldo Pereira. (1927)
	O despertar do Espírito. 11. ed. / Pelo Espírito Joanna de Ângelis [psicografado por] Divaldo Pereira Franco. Salvador: LEAL, 2023 (Série Psicológica, volume 10).
	212 p.
	ISBN: 978-85-8266-005-8
	1. Espiritismo 2. Psicografia 3. Reflexões morais
	I. Franco, Divaldo II. Título
	CDD: 133.93

Bibliotecária responsável: Maria Suely de Castro Martins – CRB-5/509

DIREITOS RESERVADOS: todos os direitos de reprodução, cópia, comunicação ao público e exploração econômica desta obra estão reservados, única e exclusivamente, para o Centro Espírita Caminho da Redenção. Proibida a sua reprodução parcial ou total, por qualquer meio, sem expressa autorização, nos termos da Lei 9.610/98.
Impresso no Brasil | Presita en Brazilo

Súmula

O despertar do Espírito	9
1 A BUSCA	15
Torvelinho social e solitude	18
Cansaço e desânimo	23
Perda do sentido ético-existencial	28
2 AUTORREALIZAÇÃO	33
Subpersonalidades (o problema dos Eus)	36
Necessidade da culpa	41
Encontro com a verdade	45
3 PROBLEMAS PSICOLÓGICOS CONTEMPORÂNEOS	49
Violência urbana	51
Alcoolismo e toxicomania	55
Sexolatria	62
4 ATIVIDADES LIBERTADORAS	69
Autoidentificação	71
Educação e disciplina da vontade	76
Sublimação da função sexual	82

5 Experiências transpessoais	91
Doenças psicossomáticas	94
Instabilidade emocional	103
Superconsciente	108
6 Encontro com a harmonia	113
Conflitos do cotidiano	116
O ser humano perante si mesmo	121
Libertação do ego	126
7 Relacionamentos humanos	133
Relacionamentos familiares	136
Relacionamentos com parceiros ou cônjuges	141
Relacionamentos sociais	148
8 Sentimentos tumultuados	155
Conflitos de culpa e de vergonha	157
O medo e seus vários aspectos	163
Falta de amor	168
9 Desafios afligentes	173
Luta pela vida	176
Desespero	182
Medo da velhice	187
10 Sem conflitos nem fobias	195
Vitória sobre a morte	198
Encontro com a saúde	202
Autorrealização e paz	206

No princípio

Não havia existência ou inexistência.

O mundo era energia não revelada.

Ele vivia sem viver, por Seu próprio poder.

E nada mais havia.

(Hino da Criação – Rig Veda)

O DESPERTAR DO ESPÍRITO

O *homem e a mulher da atualidade, após os grandes e inimagináveis voos do conhecimento e da tecnologia debatem-se, surpresos, nas águas turvas da inquietação e do sofrimento, constatando que os milênios de cultura e de civilização que lhes alargaram os horizontes do entendimento não lhes solucionaram os grandes desafios da emoção.*

Há uma imensa defasagem entre o Homo tecnologicus e o ser espiritual que se apresenta desequipado de recursos para os grandes enfrentamentos propostos pelos mecanismos das suas próprias construções.

A robotização, a globalização, as programações pelos meandros da internet, *a desumanização dos sentimentos, objetivando a conquista dos patamares do poder, da glória e do prazer, conspiraram dolorosamente contra o ser essencial, que se reveste da estrutura física, a fim de desempenhar o ministério da evolução.*

Como efeito inevitável, há glórias da mente e abismos de sombras do sentimento.

O enriquecimento ilícito de uns trabalha em favor do crescimento da miséria de bilhões de criaturas outras que lhes constituem a grande família e permanecem ignoradas.

O gozo ensandecido e desgastante através do sexo desvairado, das drogas aditivas, do álcool degradante, do tabagismo assassino, dos vícios de todo porte enlanguescem os sentimentos ou os açulam absurdamente, consumindo as aspirações do bom, do belo e do nobre, que constituem a essencialidade da existência física.

Automatizado pela mídia que o comanda, oferecendo-lhe o tóxico embriagador para os sentidos, o ser quase não tem tempo ou lucidez para pensar na grandeza de que se constitui, perturbado pelas paixões a que se entrega, e que o devoram.

Na rampa escorregadia da ilusão, vez que outra tenta segurar-se nas bordas do resvaladouro que o arrasta, raramente conseguindo erguer-se, por encontrar-se dependente e fragilizado para os esforços de crescimento íntimo e valorização de si mesmo.

Acostumou-se a crer que as conquistas profundas são secundárias desde que se possua dinheiro, posição social e poder, elementos básicos para a aquisição do prazer, já que a felicidade não lhe vai além de tudo quanto fere os sentidos e os sacia...

Infelizmente, porém, quanto mais sorve o gozo abrasador, mais esfaimado se encontra de alimento que o nutra, auxiliando-o na coordenação dos reais interesses pela vida.

Há um pego quase impreenchível entre aquilo a que aspira e a quota que consegue.

Desamparado interiormente pela fé religiosa, que lhe oferece cerimônias complexas de cunho meramente social, objetivando a promoção do ego *em detrimento do* Eu *profundo, afasta-se do Psiquismo Divino, sua origem e sua meta, tornando-se agnóstico, não obstante formalmente vinculado a uma doutrina ou seita que lhe ofereça maior contribuição de vaidade ou de recursos transitórios para a valorização do personalismo.*

Enquanto isso, refugia-se nos conflitos que evita exteriorizar, dissimulando a realidade em que se debate nas fugas espetaculares do exibicionismo e da luxúria, da soberba e do campeonato da extravagância, constatando-se irritadiço, insatisfeito e atormentado.

O túnel pelo qual jornadeia, pejado de sombras e escorregadio, parece-lhe não oferecer alternativa de mudança do comportamento, qual se fosse uma correnteza que o arrasta irresistivelmente no rumo do desconhecido.

O pavor assalta-o, a desconfiança aflige-o, o vazio existencial consome-o...

Nas esferas socioeconômicas menos privilegiadas, os rescaldos da insensibilidade dos poderosos queimam as carnes das almas necessitadas, nos seres que se alucinam e se atiram uns contra os outros na fúria de conquistar algo para a sobrevivência.

Enquanto nas camadas sociais, ricas e bem nutridas pelo conhecimento e pelo destaque na comunidade, as lutas são travadas à socapa e a hediondez se faz disfarçada mediante sorrisos trabalhados pelas técnicas de comunicação, os pobres enxameiam nos meandros das necessidades imediatas, impossibilitados de ocultarem os estados de miséria em que chafurdam, atacando-se em desespero e partindo para a agressão, para a violência urbana avassaladora.

Os grandes movimentos de massa, invariavelmente repetem o espetáculo romano do circo, oferecendo divertimento e desvio dos objetivos existenciais, como um ópio proporcionador de prazer e esquecimento momentâneos, para um despertar posterior em combustão de maior desespero.

Merece, no entanto, que se recorde, que César oferecia o circo e dava o pão, o que na atualidade se faz diferente, brindando-se apenas o ardor dos desejos, os trejeitos da vulgaridade e nenhum alimento...

O homem e a mulher destes dias estão carentes de amor, de respeito e de dignificação.

Estiolados os seus sentimentos, que se fizeram pastos para a sensualidade, o desperdício e o abandono de si mesmos, buscam aflitos soluções mais compatíveis com a hora grave, reconhecendo a duras penas a equação para a problemática do Espírito que é.

As soluções superficiais não lhes alcançam o emaranhado de inquietações nas quais se debatem, conscientes ou sem lucidez. A variedade de terapias de ocasião, algumas delas mais preocupadas com os objetivos daqueles que as aplicam – interesses argentários e mistificações indisfarçáveis, por lhes faltarem os mínimos recursos técnicos e éticos para exercê-las – facultam o aventureirismo danoso que mais perturba as vítimas que lhes tombam inermes nas condutas espertas.

O ser humano é uma complexidade de valores transcendentes que se mesclam em profundidade, possuindo suas matrizes nas inexauríveis Fontes da Vida Cósmica.

Qualquer tentativa de reduzi-lo aos equipamentos meramente orgânicos sob o controle dos neurônios cerebrais não atinge os objetivos indispensáveis a uma compreensão da sua realidade.

A análise da sua estrutura no binômio mente/corpo, Espírito/matéria, somassignificação, *que se constitui um passo avançado na melhor compreensão da sua legitimidade, ainda não logra alcançar os mecanismos encarregados da transmissão das experiências de uma para outra existência física, faltando um elo que responda pelas heranças conflitivas que se desenham nos genes e cromossomos, programando-lhe atuais e futuros comportamentos como decorrência de vivências hodiernas e de existências anteriores.*

Uma visão, porém, mais adequada para a sua análise, é a que decorre do ser tridimensional – energia *pensante, psicossoma e soma, ou mais legitimamente Espírito, perispírito e matéria, conforme estabeleceu o insigne Allan Kardec – porquanto transitam de um para outro campo vibratório de estrutura diferenciada as construções mentais, verbais e as ações, insculpindo, nos equipamentos orgânicos, emocionais e mentais os inevitáveis resultados deles decorrentes.*

O conhecimento do Espírito como realidade básica da existência orgânica faculta o entendimento dos objetivos que devem ser buscados durante a vilegiatura carnal, etapa necessária ao processo da evolução, por cujo meio desabrocham os germes da sabedoria e do amor nele vigentes.

A tarefa da Psicologia Espírita é tornar-se ponte entre os notáveis contributos dos estudos ancestrais dos eminentes psicólogos, oferecendo-lhes uma ponte com o Pensamento espiritista, que ilumina os desvãos e os abismos do inconsciente individual e coletivo, os arquétipos, *os impulsos e tendências, os conflitos e tormentos, as aspirações da beleza, do ideal, da busca da plenitude, como decorrência dos logros íntimos de cada ser, na sua larga escalada reencarnacionista.*

Felizmente, já brilha uma luz meridiana nas sombras antigas das propostas psicológicas graças ao advento da Quarta Força, que alerta para a compreensão do ser integral.

A descoberta do Espírito *alarga os horizontes existenciais, dando-lhes objetividade e funcionalidade, idealismo e libertação dos atavismos da ignorância e da presunção que predominavam nos campos das experiências psíquicas anteriormente vigentes.*

Alguém pensou que isto seria uma redescoberta do Espírito. Pensamos de forma diferente, porque, pela primeira vez, realmente, nos laboratórios de pesquisa e nas terapias eficazes, se utilizam da dimensão eterna do ser, sem preconceito ou ilusão em torno da indestrutibilidade da vida.

Não pretendemos com esta Obra apresentar soluções de emergência para o problema do ser humano ou oferecer novidades, que não existem, segundo pensamos. O nosso interesse é dar prosseguimento à nossa série de estudos psicológicos à luz do Espiritismo, interessada em contribuir com um grão de mostarda *para a equação dos sofrimentos que aturdem e derrotam inumeráveis criaturas colhidas nas malhas dos testemunhos sem preparação moral ou espiritual para vencê-los.*

Assim posto, damo-nos por satisfeita, pela desincumbência de um novo trabalho, que esperamos auxilie alguém em aturdimento ou sem rumo, necessitando de mão amiga para sair do labirinto em que se encontra.[1]

Santo André, 11 de dezembro de 1999.
JOANNA DE ÂNGELIS

---

[1] Através da presente Obra desejamos homenagear a CONFERÊNCIA ESPÍRITA BRASIL-PORTUGAL, realizada na cidade do Salvador, BA, no período de 16 a 19 de março de 2000, promovida pela Federação Espírita Brasileira e pela Federação Espírita Portuguesa e realizada através da Federação Espírita do Estado da Bahia, comemorando os 500 anos do Descobrimento do Brasil (nota da autora espiritual).

1
A BUSCA

Torvelinho social e solitude • Cansaço e desânimo
• Perda do sentido ético-existencial

A vida moderna, excessivamente tecnológica, com suas consequências desumanas, lentamente transforma o ser humano em verdadeiro robô, desnaturando-lhe os sentimentos, que se convertem em automatismos repetitivos, sem que as emoções façam parte da sua agenda diária de realizações.

Todos os acontecimentos nos dias atuais transcorrem com celeridade, não podendo ser impressos nos refolhos do ser, exceto aqueles que chocam pela violência ou pela vulgaridade em constante renovação, a fim de saciarem a sede de prazeres dos sentidos, num crescendo assustador.

As questões nobres da existência têm sido substituídas pelas soluções simples apresentadas pelas máquinas devoradoras, que facultam mais tempo a todos, que, não obstante, continuam com carência de espaço físico e mental para refazimento e renovação emocional.

Exagerados compromissos, reais e imaginários, arrancam o indivíduo do seu mundo interior para reuniões e encontros, quase sempre infrutíferos do ponto de vista emocional, fazendo-os desperdiçar excelentes oportunidades para o trabalho nobilitante, o estudo educativo, as pausas de reflexão e de criatividade.

Nesse arder de ansiedades contínuas estiola-se o sentido humano de encontrar a paz, transferindo-o de um problema para outro, por diferentes preocupações, nessas ocasiões nas quais se fala muito sem dizer-se nada, enquanto se ouve muito barulho sem participar-se de coisa alguma.

A necessidade de fazer-se presente em toda parte e a qualquer hora indu-lo a gastar, excessivamente e sem reposição, as energias que poderiam ser canalizadas para o crescimento íntimo, a beleza, a cultura, a paz, a solidariedade ou a fraternidade, com um sentido profundo de dignificação de si mesmo e do grupo social no qual se encontra.

O vaivém dos interesses programados por outras pessoas como se fossem dele, aturde-o e desidentifica-o, trabalhando em favor de uma personalidade conveniente, aquela que agrada aos demais embora agindo em sentido oposto às aspirações acalentadas.

Estar na moda, viver as novidades, agitar-se constituem síndromes de pessoa que está bem em relação à vida e às exigências sociais, apesar de se tornarem um fardo insuportável para conduzir, exigindo sempre mais esforço.

O perfil humano desenhado se apresenta como uma imposição que se torna indispensável para todo aquele que aspira ao triunfo, à *glória dos quinze minutos* que é disputada pelos ansiosos gozadores da atualidade.

O ser interior, o *Eu profundo*, fica à margem dos acontecimentos, enquanto o *ego* assume funções para as quais não se encontra preparado psicologicamente.

Dr. Roberto Assagioli e um crescente número de terapeutas compreenderam esse tormento e a magnitude que

O despertar do Espírito

possui a criatura humana, em sua marcha inexorável para a plenitude que lhe está reservada, propondo valiosos estudos que se converteram na Psicossíntese, doutrina psicológica portadora de valiosa contribuição para a paz, para a autorrealização da criatura humana.

A autorrealização é um desafio que se encontra diante de todos os indivíduos, sem a qual a incompletude irrompe, tornando-se fator patológico de desequilíbrio.

Maslow, o admirável psicoterapeuta americano, a quem muito devem as novas conceituações psicológicas, descreveu os processos de crescimento e de desenvolvimento das inúmeras possibilidades do ser humano, de forma essencial à compreensão e aceitação do *Eu*, concitando-o ao equilíbrio, à harmonização interior das suas faculdades, proporcionando-lhe a perfeita integração dos *motivos individuais*. Utilizou-se do termo cunhado por Kurt Goldstein – *Self-actualization*, propondo outros que seriam equivalentes de alguma forma, tais como: *Self-realization, Self-development*, como a maneira mais correta de viver a *individuação* muito bem conceituada por Jung.

A autorrealização é todo um lento e complexo processo de despertamento, desenvolvimento e amadurecimento psicológicos de todas as adormecidas potencialidades íntimas, que estão latentes no ser humano, como suas experiências e realizações ético-morais, estéticas, religiosas, artísticas e culturais. Equivale esclarecer que é todo um esforço bem direcionado para a realização do *Eu profundo* e não da superficialidade das paixões do *ego*.

Torvelinho social e solitude

Conduzido pela movimentação incessante da globalização dos interesses, das lutas, dos comportamentos ditados pela mídia alucinada e pela automação proposta pelo sistema vigente na sociedade, o indivíduo vê-se empurrado para onde e com quem não mantém qualquer traço de afinidade ou pensamento comum, atendendo mais às imposições arbitrárias da situação que à autossatisfação a que aspira.

Sentindo-se a personalidade agredida pelos valores que lhe são impostos sem conveniente livre escolha, a qual lhe proporcionaria equilíbrio, o transtorno comportamental se lhe instala, em face da dicotomia entre aquilo que sente e o que deve demonstrar, de forma a estar em harmonia com o grupo social sempre exigente e extravagante.

O ser humano é, por excelência, um animal social, como decorrência inevitável do seu instinto gregário, que necessita do outro para a sustentação dos requisitos que o constituem. Não obstante, a sua individualidade não pode sucumbir no báratro das situações existentes, que lhe não concedam compensações emocionais.

Há funções psicológicas que não podem ser negligenciadas sem graves consequências, como a intuição, a criatividade, a vontade, que se exteriorizam do fulcro da psique humana, que é o Espírito.

Os indivíduos são diferentes entre si, em razão do seu processo evolutivo, apresentando tendências, comportamentos e necessidades específicas. Estabelecer técnicas e ética de comportamento psicológico assentadas na experiência com alguns biótipos é conspirar contra a sua saúde emocional, porquanto os valores que a uns preenchem as carências, para outros, passam sem qualquer significativa emoção.

Há conflitos que pairam no imo do ser humano e nem sempre são excogitados com a seriedade e o cuidado que merecem, como a ambivalência, a tendência à inércia de alguns – indiferentes a novas conquistas e à alteração do comportamento –, enquanto outros buscam a aventura, a afirmação de valores, a segurança. Ocorre também o surgimento de novos impulsos, que se apresentam como necessidades urgentes que pretendem a superação das anteriores. E esses fenômenos tomam corpo nos momentos de definição de rumos, nos períodos da adolescência em trânsito para a idade adulta, e dessa para a velhice, especialmente abrangendo as aspirações religiosas, as espirituais...

O ser humano é uma *unidade orgânica*, sem dúvida, mas que não pode ser comparada ao fenômeno que ocorre com a célula na harmonia do corpo somático, que se submete aos impositivos do conjunto, a fim de que o mesmo se apresente saudável. Essa *unidade orgânica*, diferentemente da célula, pensa e tem sentimentos próprios, que devem ser canalizados para o seu bem-estar e o equilíbrio do grupo social.

Não dispondo de meios para expressar-se na sua realidade funcional, esse indivíduo foge para comportamentos alienados, como única forma de dar vazão à sua realidade.

Observa-se, em consequência, que a sociedade como um todo encontra-se desestruturada, sem fundamentos seguros, definidos, capazes de facultarem o seu próprio engrandecimento. As suas conquistas têm-se firmado mais nas realizações tecnológicas e científicas, a prejuízo daqueloutras de natureza emocional harmônica, estética, espiritual.

O abarrotar de equipamentos eletroeletrônicos criou a fantasia da facilidade, da riqueza, da ambientação num mundo que seria destituído de problemas, ao tempo em que essa conquista não tem trabalhado em favor de muitos dos mais graves novos desafios, porque profundos – as dilacerações emocionais.

Em face dessa conduta, irrompem na sociedade a violência, a agressividade, o desrespeito ao cidadão, a perda do seu espaço, o medo, a insegurança ameaçadora, a fuga para as fortalezas domésticas, a ansiedade, a desconfiança...

Tais ocorrências afastam o indivíduo de si mesmo, desidentificam-lhe os objetivos fundamentais da existência, levando-o à perda do contato com a sua realidade interior, afetada pelos contingentes externos.

A vida em sociedade não pode expulsar o interesse da busca da individuação de cada um dos seus membros, tornando-os confusos e padronizados em uma escala comum.

Para que a individuação seja lograda, é necessário que se rompam as amarras dos exagerados vínculos sociais, isto é, dos compromissos sem significado, pueris e de pequena duração, resultantes dos caprichos esdrúxulos dos *formadores de opinião*.

O ser psicológico necessita de espaço mental para encontrar-se, de reflexão serena e de avaliação de conduta, mediante análise cuidadosa de si mesmo, que somente se faz possível na solitude.

O ruído das festas intérminas, as alegrias exageradas do sucesso, o aturdimento das agendas lotadas, as gargalhadas estrídulas e a embriaguez dos sentidos, impedem a autorrealização, a individuação.

Ante a impossibilidade de encontrar-se esses momentos preciosos para a solitude na movimentação do cotidiano, o retorno a uma vida simples, que permita a descontração, o relaxar dos sentidos, o reencontro com a beleza espontânea da vida em a Natureza, constitui preciosa terapia para o discernimento que vai conduzi-lo à autorrealização.

Seria ideal que cada pessoa, a seu modo e conforme sua possibilidade, tentasse a solidão em um lugar silencioso, mágico pela sua simplicidade, sem apetrechos complicados nem atulhamento de coisas desnecessárias. O essencial, o básico para uma vida saudável, constitui material de pouco volume, enquanto que, na ansiosa busca de realização por fuga, aparecem como indispensáveis os complexos equipamentos e materiais que ocultam ou confundem as necessidades reais.

Talvez, por isso, se haja cunhado o brocardo que afirma: *O homem feliz não tinha uma camisa*, enquanto outros, com móveis entupidos de roupas e artefatos em quantidade, sofrem quando têm que escolher, pois que nunca sabem qual o melhor para utilizar-se.

A inevitabilidade do recolhimento interior, a fim de encontrar-se a sós, em silêncio, deve constituir um processo terapêutico valioso e urgente para libertar a criatura do aturdimento em que tomba.

A falta de tempo para a autorrealização conduz à ansiedade responsável pela insatisfação, e, posteriormente, ao transtorno comportamental correspondente. Não somente se necessita de tempo físico, mas também o de natureza mental, aquele que proporciona serenidade, que faculta o discernimento para entender os desafios existenciais e enfrentá-los com equilíbrio, sem culpa, nem rebeldia.

É no silêncio que se pode encontrar Deus, fruir de paz, desvendar os enigmas, autoaprimorar-se.

Nem todos têm facilidade de silenciar aflições e perguntas pungentes na balbúrdia, na alucinação do cotidiano, tornando-se preciso buscar um lugar que propicie as condições ambientais facilitadoras das emocionais.

Como providência terapêutica, todos devem afastar-se por algum tempo do contubérnio em que se encontram detidos, refazendo caminhos de pensamentos, revitalizando disposições para o trabalho, a família e a sociedade, autoencontrando-se. Não se trata de buscar um tipo de repouso entediante, feito de ociosidade, mas de um retorno às suas origens, à pureza do coração, à simplicidade, à análise de como é morrer, deixando as inutilidades que recebem atribuição de valiosos tesouros.

Viver é também uma experiência do morrer, considerando-se a incessante transformação orgânica operada nas células e nos departamentos que conformam o corpo. Quando ocorre o fenômeno final – ou pouco antes –, o ser desperta para o significado real da existência e das suas aquisições, experimentando frustração e amargura pelo uso inadequado que deu à jornada ora em encerramento.

Assim sendo, a busca de solitude é uma forma de despojamento de todos e de tudo, temporariamente, de forma a entender a vacuidade dos apegos e tormentos pelas posses de relativo significado.

O maior tesouro é a identificação do *Eu*, com todos os conteúdos vitais que conduz, aquisição que somente é lograda mediante ingentes sacrifícios.

A solitude em um lugar sossegado, ante um céu transparente e portador de noites estreladas, à beira-mar ou no bosque, na montanha ou no vale verdejante, no deserto ou num jardim, longe do bulício e perto do pulsar da Natureza, oferece forças para a autossuperação, a autoiluminação, de forma que o retorno ao cotidiano não produz choque, não proporciona saudades do vivido, nem tormento pelo desejo de repeti-lo.

Solitude com reflexão, a fim de viver no tumulto sem desesperação, saudavelmente, tranquilamente, eis o impositivo do momento.

O *redespertar* para a beleza, deixando-se mimetizar pela sua contribuição de harmonia e de vida, somente é possível quando o *Eu* emerge e passa a comandar as atividades, tornando-se a realidade dominante em todo o processo de transitoriedade.

Cansaço e desânimo

O desânimo, qual ocorre com o cansaço, pode ser resultado de vários fatores: enfermidade orgânica, gerando perda de energia e, por consequência, de entusiasmo pela vida; estresse decorrente de agitação ou de tensões continuadas; frustrações profundas que retiraram a máscara de como eram considerados os objetivos acalentados, deixando o paciente diante do vazio existencial, e efeito do descobrimento do canal de ligação entre o *Eu* e o *ego*, dos diferentes níveis do consciente e do superconsciente, facultando a inundação por quase desconhecida claridade, que modifica o rumo existencial.

Não poucas vezes a personalidade se sente impossibilitada de assimilar e reter as alterações impostas pelo curso dos acontecimentos, produzindo um choque entre o intelecto e a emoção.

Quando o organismo se debilita, seja qual for a causa – enfermidade, estresse, frustração –, as resistências psicológicas diminuem, dando curso à manifestação do desânimo, que se expressa em forma de cansaço e desinteresse por tudo quanto cerca o indivíduo, mesmo aquilo que antes era uma fonte de entusiasmo e fortalecimento.

Para que seja removida a lamentável consequência, torna-se importante a terapia do fator causal, recompondo os equipamentos celulares em desordem, ao tempo em que o esforço mental pela recuperação deverá acompanhar o tratamento encetado. O repouso, como contributo para a autoanálise e detecção do fluxo detonador dos distúrbios, constitui-se de vital importância, pelo renovar dos objetivos, pelo superar das angústias e tensões, reconquistando a alegria de viver.

Logo depois, mediante a renovação mental e os objetivos existenciais, a frustração em predomínio cede lugar à esperança que se renova, sendo rompidas as cadeias retentoras no mal-estar.

Toda vez que uma descarga elétrica ultrapassa a capacidade de condução dos seus filamentos, os mesmos sofrem desintegração. De forma semelhante, os estados estressantes continuados terminam por perturbar o fluxo da energia vitalizadora, impedindo a produção de enzimas específicas para o equilíbrio psicofísico, facultando o surgimento do desânimo.

O desânimo é inimigo sutil do ser humano. Instala-se-lhe, a pouco e pouco, terminando por vencer as resistências morais, que se sentem desestimuladas por falta de suporte emocional para a luta.

Nesse sentido, nunca será demais recordar o contributo da oração, por favorecer a canalização de energias superiores que vertem da Divindade em direção do indivíduo em atitude receptiva.

Ressurgem-lhe, inicialmente, momentos de euforia e bem-estar, que, embora rápidos, se vão fixando e tornando-se habituais até preencherem o vazio interior, reconvocando-o para o equilíbrio necessário à manutenção da saúde mental e emocional. A repetição desses estados gentis restitui a alegria de viver, oferecendo-lhe metas saudáveis e renovadoras, que o enriquecem de paz interior.

Outrossim, o descobrir do canal interior que proporciona a ascensão de nível emocional, facultando a identificação do *Eu* e suas infinitas potencialidades, proporciona dois estados muito especiais no comportamento psicológico. O primeiro, feito de exaltação agradável, pelo conduzir a estados alterados de consciência, que facultam a identificação de fenômenos anímicos e mediúnicos, abrindo espaços mentais e emocionais de extraordinárias proporções; o segundo, estimulando o desinteresse pelo que antes constituía-lhe significado de primacial importância, sugerindo a *fuga consciente do mundo*, cujos riscos são inumeráveis.

Nenhuma realização pode ser alcançada através de processos agressivos à realidade ambiental, onde todos se movimentam. A superação dos seus constrangimentos e imposições deve ser empreendida, sem que, no entanto, se faça fundamental alienar-se em forma de busca de outra realidade, que será quimérica, porquanto não foram solucionados os enigmas internos, nem esclarecidas as necessidades reais.

Durante esse processo, uma inquietação inicial domina o aspirante à autorrealização, impondo-lhe um grande desgaste de energia nervosa, o que pode ser interpretado como de natureza patológica, antes sendo, em realidade, de manifestação mística, no seu sentido correto. Nesse estágio do encontro com o *Eu,* a personalidade descobre as respostas para muitos conflitos, esclarecimentos para as dúvidas, inspiração para a conduta, ampliação dos objetivos humanos, sociais, artísticos e espirituais.

Tal vivência, todavia, é muito penosa, porque altera completamente a consideração em torno dos valores até então aceitos, propondo novos investimentos em atividades dantes nunca pensadas. Sempre é difícil a mudança de uma para outra estrutura psicológica, especialmente se o empreendimento é feito sem o concurso de um terapeuta, um mestre experiente, um *guru*... Mergulhar no *abismo* de si mesmo é viagem que favorece com uma visão desconcertante da realidade, qual um grande parto que faculta vida nova... mas produz dores.

Passada a fase inicial, mais significativa e deslumbrante, pode o candidato tombar num estado de dúvida-negação daquilo que lhe aconteceu, derrapando no desânimo e no cansaço. As energias, aplicadas no período eufórico, diminuem o fluxo, e o *ego* desperta do entorpecimento em que se encontrava, para novamente assumir o comando dos fenômenos emocionais.

Surgem então os períodos de críticas acerbas e de contestações sobre a validade da ocorrência, bem como conclusões apressadas com caráter negativo tentando reduzi-la a patologias alucinatórias, como havendo sido crises de delírios ou de fantasias exacerbadas.

Apesar disso, a visão de plenitude, a evocação de belezas e aspirações que foram vividas, não desaparecem, produzindo amadurecimento, calmo e profundo, no ser, com um renovado desejo de que voltem a acontecer.

Vez que outra, novamente se abre o canal de ligação e a experiência transcendental se dá, passando a constituir emulação para a conquista de um estado permanente e nunca de transitória duração, que sendo assim, efêmera, deixa amargura no íntimo.

Nesse estágio, torna-se indispensável que o indivíduo se esclareça quanto à ocorrência, demitizando-a e fazendo ruir o arcabouço do sobrenatural que, quase sempre, acompanha as experiências mais profundas da individuação, da completude.

Conscientizado de que o estado de iluminação ou exaltação dos sentidos não pode permanecer como um fato concluído, permanente, torna-se indispensável retornar à realidade objetiva do dia a dia, ao mesmo tempo mantendo-se impregnado pelo conteúdo dos valores adquiridos durante a ocorrência.

Quando alguém atravessa um campo plantado de lavanda ou de qualquer outro vegetal perfumado, mesmo após vencido o espaço, continua com o aroma fixado no corpo e na pituitária especialmente. Assim ocorre em relação às experiências em torno do despertar espiritual, a respeito da vida no seu sentido e significado mais exato quão profundo.

Vencer o desânimo e o cansaço, quando quer que se apresentem, decorrentes de qualquer fator, é o investimento que deve ser feito imediatamente, de forma que a busca da plenitude não sofra solução de continuidade, ou adiamento para ocasião não definida, que pode resultar em nenhuma futura tentativa.

O ser psicológico é alguém em constante transformação para melhor, porquanto o *Eu* real é de natureza eterna e deve ser descoberto quanto preservado, por constituir-se a meta essencial da existência terrena.

Perda do sentido ético-existencial

O indivíduo possui, mesmo que inconscientemente, o germe do sentido ético da existência terrena. *Chispa do Psiquismo Divino* que é, traz no âmago do *Eu profundo* esse embrião que se desenvolve na razão direta em que o conhecimento e a emoção predominam sobre os instintos primários, abrindo espaço para a razão, o discernimento, a evolução.

Como a sua marcha é ascensional, cada passo dado significa experiência nova que se lhe incorpora, facultando-lhe experimentar novos desafios.

Desenvolvendo mais a personalidade que a individualidade que é, vê-se compelido em manter a aparência que torna os seus conflitos despercebidos dos demais membros do grupo social, sem que os solucione ou se resolva por enfrentá-los de maneira objetiva, consciente da sua existência.

Posterga, quanto lhe é possível, o autoenfrentamento, pensando em apagar as tendências, os impositivos emocionais não atendidos, que se lhe transmudam em pesadelos ou fantasmas sempre presentes, não obstante ignorados.

Enquanto os seus esforços por granjear valores amoedados e posição social, amigos e relacionamentos agradáveis à sua volta, trabalho e emprego mediante os quais se possa manter e à família – quando a tem constituída –, crê-se livre dos tormentos que se derivam das insatisfações não corrigidas, dos conflitos sofridos na fase perinatal, em torno da sua aceitação ou não no seio familiar, da infância mal vivida, ou das heranças de existências pregressas das quais procede.

Se é vítima de um insucesso de qualquer natureza – econômico, social, emocional, orgânico –, logo derrapa na perda do sentido existencial, acreditando que não mais existe motivo para prosseguir, já *que tudo se lhe apresenta sombrio e sem roteiro de segurança*, às vezes conjeturando até aterradoramente sobre a possibilidade da fuga pelo suicídio. Nesse estado de desarmonia interior e de vazio psicológico, os seus são raciocínios pessimistas-masoquistas, porquanto a visão da realidade encontra-se confundida com o transtorno que sempre é temporário, mas que pode assumir significação considerável, em razão da importância que lhe seja ou não atribuída.

Por outro lado, se conseguiu experienciar a canalização espiritual e viveu as emoções místicas profundas, o retorno ao dia a dia traz desconforto e mal-estar, considerando-se estranho onde agora se encontra.

É inevitável tal ocorrência, desde que a ascensão difícil às cumeadas é retribuída pelo oxigênio puro, a paisagem infinita que os olhos alcançam, o silêncio musical do Cosmo, a solitude apaixonante. O retorno brusco ao torvelinho produz o choque natural de uma grande queda no abismo do já conhecido e não mais desejado, o sufocar-se na pesada atmosfera das paixões de que pensava se haver libertado, recomeçando a penosa marcha de volta, na incessante busca da plenitude.

Sugerem-se muitas técnicas psicoterapêuticas para os pacientes que experimentam esse vazio, essa perda do sentido ético-existencial, entre as quais um estudo biográfico desses pacientes, no qual narrando oralmente ou por escrito a sua vida atual, refaça a caminhada desde os primeiros passos, a fim de poder identificar a origem dos conflitos e complexos que o aturdem ou que lhe transmitem insegurança, o súbito desinteresse pela vida. Por extensão, a confecção de um diário, pelo menos dos acontecimentos mais importantes ou significativos que sejam registrados, oferecerá ao terapeuta a paisagem consciente assim como os aspectos inconscientes que trabalham em favor do transtorno.

O paciente deverá ser conscientizado do que está utilizando psicologicamente, a fim de melhor responder qualitativamente em benefício pessoal. Nesse aprofundamento, são ressuscitados alguns aspectos e características dos pais que influíram na formação da sua personalidade e ora ressumam de forma perturbadora. Em tal quadro, será possível fazer-se uma comparação entre os traços de semelhança e de contraste com os familiares, com os seus ascendentes, aqueles que mais lhe marcaram a existência, ou que foram resultado de incompatibilidades do meio onde viveu.

Ressurgirão, nessa ocasião, as subpersonalidades que se encontram mergulhadas no imo e têm ascendência em determinadas situações emocionais sobre a personalidade predominante, sempre que o conflito reponta ameaçador.

O trabalho de integração das subpersonalidades é de magna importância para o estabelecimento do comportamento saudável, já que, em face da existência desses diferentes *Eus*, que são responsáveis por distintas condutas, como aquela quando a pessoa se encontra a sós e a que assume quando no meio social, e aí mesmo, a depender da companhia, se de destaque ou sem importância no conjunto dos interesses econômicos ou políticos, mantendo radicais transformações. O mesmo ocorre, quando no lar ou no escritório, com amigos ou com desconhecidos, oportunidades nas quais as atitudes fazem-se muito diferenciadas, demonstrando que vários *Eus* se sucedem, cada qual assumindo um papel de importância conforme a necessidade do momento.

William James, o psicólogo pragmatista americano, foi dos primeiros a registrar essa ocorrência, conforme sucedeu com o fisiologista francês Pierre Janet ao apresentar a tese das *personalidades múltiplas ou secundárias*.

A busca da autorrealização não pode ser interrompida em razão dos episódios menos felizes que fazem parte do processo de crescimento moral e espiritual.

Renovada a aspiração de liberdade e de nova experiência, os traços psicológicos do paciente vão-se alterando para o equilíbrio, enquanto supera os conflitos e reduz as subpersonalidades, passando a vivências menos conflitivas e mais gratificantes.

Para o êxito do cometimento, vale a pena acrescentar a técnica do serviço ao próximo, que constitui emulação para superar-se o desinteresse existencial, desde que a sua passa a ser uma vida útil, da qual outras dependem, estimulando-o ao prosseguimento da luta, mesmo que, momentaneamente, sob dificuldades que também promovem o raciocínio, a capacidade para o crescimento interior, a coragem para vencer impedimentos.

Quando alguém não enfrenta desafios, jamais amadurece psicologicamente, mantendo-se na fase lúdica e fascinante da infância, sem sabedoria nem consciência da sua realidade existencial.

Toda vez, portanto, que se desenhem sombras perturbadoras nos painéis da emoção, trabalhando contra os valores éticos da existência – dever, realização, trabalho, alegria, inspiração para o belo e o útil, crepúsculo interior, necessidade de autopunição ou episódios de autocompaixão

– torna-se imprescindível buscar o recurso terapêutico, mediante o trabalho interior de renovação dos valores e ideais esposados, ou recorrer ao auxílio técnico do psicoterapeuta, capaz de reativar os centros de vida, momentaneamente submersos no *mar encapelado* dos conflitos.

2
Autorrealização

Subpersonalidades (o problema dos *Eus*) •
Necessidade da culpa • Encontro com a verdade

O desafio da autorrealização radica-se no esforço que todos devem empreender mediante o desenvolvimento da vontade, que exerce preponderância em qualquer atividade humana.

Para esse cometimento, torna-se necessário que seja feita uma análise a respeito das circunstâncias e problemáticas que dizem respeito ao ser contemporâneo e aos processos rápidos de transformação e amadurecimento da personalidade.

O homem moderno enfrenta a decadência dos postulados rígidos e absolutos que herdou do passado, em referência aos problemas humanos; a diversidade da conceituação sobre o que é realmente ético em relação com o comportamento psicológico, que abre espaço mental para o entendimento da complexidade dos conflitos e a liberação sexual, arrebentando as velhas comportas da ignorância em torno da sua legitimidade; entre muitos outros fatores, constituem motivações para as fugas espetaculares da realidade, para o surgimento de conturbações profundas que dominam largas faixas da emotividade.

As pressões psicossociais desencadeando heranças genéticas adormecidas desarticulam a conduta emocional, mesmo quando os padrões convencionais são estabelecidos em nome da ética e da moral.

Os impulsos indomados que predominam em a natureza irrompem com frequência, desestabilizando o sistema nervoso central e comprometendo as estruturas psicológica e física do ser, que estertora entre o desequilíbrio e a aspiração de normalidade.

Herdeiro das próprias realizações armazenadas nas áreas abissais do inconsciente individual como coletivo, não se pode evadir das fixações que lhe estão insculpidas, em razão da anterioridade das existências por onde peregrinou.

Vivências tumultuadas e perturbadoras registraram-se na memória extracerebral, em forma de culpas e remorsos, de anseios não realizados e de frustrações que ora remanescem gerando distúrbios e inquietações responsáveis pela instabilidade de conduta que abala o sistema emocional.

A busca da harmonia, a integração dos comportamentos díspares em uma unidade bem delineada são o ideal da psicossíntese.

Conscientizando o *Eu profundo* a respeito das suas não detectadas possibilidades de crescimento e autoidentificação, torna-se indispensável a aceitação do compromisso de dinamização da vontade, desenvolvendo-lhe os recursos valiosos, que se encontram desconsiderados.

Por outro lado, a canalização correta dos impulsos sexuais, transmudando-os, quando em excesso ou diante de quaisquer impedimentos de realização que o plenifique, como processo psicoterapêutico, é essencial para uma existência saudável.

À exceção dos pacientes vitimados por patologias graves, a maioria das ocorrências conflitivas e ameaçadoras pode ser perfeitamente trabalhada com o esforço honesto do indivíduo, e quando se apresentem esses tormentos com mais rigor, a ajuda do terapeuta se torna valiosa, proporcionando o encontro com o equilíbrio.

A problemática mais grave a exteriorizar-se nas condutas conflitivas é a teimosia do paciente em admitir-se necessitado de apoio, dispondo-se naturalmente à conveniente terapia.

O discernimento obnubilado, decorrência natural da patologia existente, faz que seja renitente em aceitar a lógica do tratamento, supondo-se depreciado ou sob perseguição daqueles que não lhe compreendem o mecanismo equivocado de lógica.

A medida mais eficaz, para que se evite o agravamento dos distúrbios psicológicos, encontra-se na constante autoavaliação da conduta, em exame frequente da atitude pessoal em relação ao grupo social no qual se encontra, não se deixando alienar por expressões extravagantes, mediante a própria supervalorização ou a presunção de imbatibilidade.

São muitos os fatores de perturbação que agridem o indivíduo, tais como as constrições emocionais resultantes das aspirações, dos receios e da insegurança, da timidez e outros tantos de natureza psicogênica, que se desenvolvem sorrateiramente nas paisagens da personalidade.

A própria personalidade, não poucas vezes, apresentando-se fragilizada, fragmenta-se e dá surgimento a vários *Eus* que ora se sobrepõem ao *ego*, ora se caracterizam com identidade dominante.

Subpersonalidades (o problema dos *Eus*)

A psicossíntese refere-se à existência de um *Eu pessoal* e de um *Eu superior*, em constante luta pelo domínio da personalidade. O *Eu pessoal* é, muitas vezes, confundido com a personalidade, sendo, ele mesmo, o ponto de *autoconsciência pura*, conforme o define Roberto Assagioli. Corresponde ao *ego*, ao centro da consciência individual, diferindo expressivamente dos conteúdos da própria consciência, tais as sensações, os pensamentos, as emoções e sentimentos. O *Eu superior* corresponde ao Espírito, ao *Self*, também podendo ser denominado como *Superconsciente*.

O *Eu pessoal* é consciente, não obstante, deixa de ter lucidez quando se adormece, quando se é vítima de um traumatismo craniano e se desfalece, quando se está em transe natural ou sob ação hipnótica ou medicamentosa, reaparecendo quando do retorno à consciência lúcida, que decorre naturalmente de outro Eu, certamente superior, que rege a organização e a atividade da consciência.

Em realidade, não são dois *Eus* independentes, separados, mas uma só realidade em dois aspectos distintos de apresentação, conforme já houvera identificado o psicólogo americano William James, ao cuidar da análise das subpersonalidades.[2]

Essas duas expressões psicológicas que se apresentam no indivíduo, quando não unificadas harmonicamente, po-

---

[2] Vide o nosso *Amor, imbatível amor*, no capítulo Vitória do amor (Amor--perdão), p. 243, 4ª edição da Livraria Espírita Alvorada Editora (nota da autora espiritual).

dem ser fator de fragmentação da personalidade, gerando distúrbios de comportamentos, instabilidade emocional.

O objetivo da psicossíntese é trabalhar pela unificação desses dois *Eus*, produzindo a real identificação do ser nos objetivos da existência que vivencia.

O *Eu individual* é resultado das aquisições e experiências do processo existencial com os seus conflitos e aspirações, em luta contínua pela conscientização da realidade. Essa, porém, somente se fará quando o *Eu superior* seja identificado e decodificada a sua expressão imortal, de essência eterna, que deve ser conscientizada e vivida com harmonia.

Quando se dá essa conjuntura feliz, faz-se indispensável a terapia de assimilação dos conteúdos do *Eu individual* no *Eu superior*, diluindo fronteiras que pareciam inexpugnáveis e desfazendo barreiras psicológicas, que se transformam numa corrente de energia contínua entre um fluxo e outro, favorecendo a estrutura do *ego* equilibrado ante o *Self* consciente.

O Prof. Pierre Janet, quando da identificação do subconsciente nas experiências hipnológicas realizadas pelo célebre Prof. Jean Martin Charcot, em *la Bicêtre* – Universidade de la Salpêtrière, em Paris –, propôs a existência de personalidades múltiplas ou anômalas, que se encontram adormecidas nesse depósito da memória, e que podem assumir a *corporificação* quando o paciente se encontre em estado de transe natural ou provocado.

A tese, naquela ocasião, de alguma forma objetivava também reduzir os fenômenos mediúnicos intelectuais a simples automatismos psicológicos resultantes das fixações que se encontram no subconsciente humano.

Essas personalidades secundárias assomariam com frequência, conforme os estados emocionais, dando origem a transtornos de comportamento e mesmo a alucinações psicológicas de natureza psicótica e esquizoide.

Certamente, muitos fenômenos ocorrem nessa área, decorrentes das frustrações e conflitos, favorecendo o surgimento de *personificações parasitárias* que, não raro, tentam assumir o comando da consciência, estabelecendo controle sobre a personalidade, e que são muito bem estudadas pela Psicologia Espírita, no capítulo referente ao Animismo e suas múltiplas formas de transes.

Na imensa área do *ego*, surgem as fragmentações das subpersonalidades, que são comportamentos diferentes a se expressar conforme as circunstâncias, apresentando-se com frequência incomum. Todos os indivíduos, raras as exceções, experimentam esse tipo de conduta, mediante a qual quando no trabalho se deixam conhecer pelo temperamento explosivo, marcante, dominador e, em particular, são tímidos, mansos e receosos. As variações são muitas nesse campo das subpersonalidades.

Ademais, no imenso campo dos conflitos, as expressões de inferioridade moral do processo da evolução facultam as manifestações egoicas doentias, como o orgulho, o ciúme, a inveja, o ressentimento, o ódio, a calúnia e muitos outros famanazes, que enceguecem o *ego* e o atiram nos abismos das alienações.

Ao mesmo tempo, personalidades espirituais, que transitam no mundo fora da matéria, interferem no comportamento humano, submetendo, não poucas vezes, o *Eu individual* a transtornos de natureza obsessiva, não detectados pela Psicologia acadêmica convencional, que os estuda sob aspectos psicopatológicos mais específicos.

Pode parecer, num estudo psicanalítico, que constituem uma variedade expressiva de *Eus* buscando primazia, cujas raízes se encontrariam fixadas no inconsciente, depositário das heranças antropológicas ancestrais, nos acontecimentos perinatais e infantis, na subjugação da *mãe castradora,* cuja imagem perturbadora continuaria afligindo e induzindo a fugas espetaculares, para que as dores e os infortúnios antes vivenciados fossem esquecidos.

É evidente que uma autoanálise cuidadosa deva ser realizada pelo paciente, mediante a vontade bem conduzida e estimulada, trabalhando em favor da harmonia entre os valores éticos e o *Eu superior,* ao mesmo tempo criando reservas psíquicas para impedir moralmente a interferência das mentes liberadas do corpo físico.

Quando, porém, o paciente não se sente em condições de realizar o mister, torna-se imprescindível o contributo do terapeuta em psicossíntese para conscientizá-lo, apresentando-lhe programa de disciplina mental e de hábitos saudáveis, de forma que estabeleçam linhas seguras para o comportamento equilibrado.

O ser humano, mediante o *Eu superior,* transita por inúmeras experiências carnais, entrando e saindo do corpo, na busca da individuação, da plenitude a que se destina, conduzindo os tecidos sutis da realidade que é, todas as realizações e vivências que se acumulam e constroem o inconsciente profundo, de onde emergem também as personalidades que foram vividas e cujas memórias não se encontram diluídas, permanecendo dominadoras, em face das ocorrências que, de alguma forma, geraram culpa, harmonia, júbilo, glória e assomam, exigindo atenção.

Nesse imenso oceano – o inconsciente – movem-se os *Eus* que emergem ou submergem, necessitando de anulação e desaparecimento através das luzes do discernimento da consciência do Si.

Na sua imensa complexidade, a individualidade que se expressa através desse *Eu superior* enfrenta as experiências das personalidades presentes no *Eu individual*.

Todo um processo terapêutico deve ser tomado em consideração, não se descartando aquele de natureza espiritual, que se responsabiliza pelo grave capítulo das psicopatologias de natureza obsessiva.

Os dias atuais, portadores de pressões tormentosas, são desencadeadores de distúrbios que preponderam com vigor na conduta dos indivíduos, contribuindo decisivamente para a fragmentação da personalidade em expressões de *Eus* conflitantes.

Nessa aparente dicotomia dos dois *Eus*, a ocorrência se dá, porque um não toma conhecimento do outro de forma consciente, podendo mesmo negar-se um ao outro. O Eu, porém, é único, indivisível, manifestando-se, isto sim, em expressões diferentes de consciência e de autorrealização.

Para o trabalho saudável de integração dessas vertentes do Eu são necessários o trânsito por alguns estágios terapêuticos, quais o conhecimento de si mesmo, da própria personalidade; a administração dos vários elementos que constituem essa personalidade; a busca de um centro unificador, para que se dê a realização do verdadeiro Eu mediante a reconstrução da personalidade em volta do recém-formado fulcro psicológico.

Como medidas auxiliares e recursos valiosos, devem ser utilizadas a meditação, a visualização terapêutica, a oração – que canaliza forças e energias superiores para o *Self* –, que contribuirão para a unificação dos *Eus,* a harmonização do indivíduo.

Necessidade da culpa

A culpa sempre se insculpe no inconsciente como uma necessidade de punição, através de cujo mecanismo o *ego* se liberta do delito.

Originada na conceituação ancestral de pecado – herança atávica do *pecado original,* que seria a desobediência de Adão e Eva, os arquétipos ancestrais do ser humano, a respeito da *Árvore da sabedoria do Bem e do Mal* –, tem sido, através do processo da evolução, um agente cruel punitivo, que vem desequilibrando o seu mecanismo psicológico.

Desse modo, a *consciência de culpa* torna-se tortura lúcida ou não para o emocional, gerando tormentos que poderiam ser evitados se outros processos houvessem sido elaborados para facultar a reparação do erro.

Por isso mesmo, em vez de *pecado* ou *culpa,* surge o conceito de *responsabilidade,* mediante a qual a colheita se deriva da semeadura, sem qualquer expressão castradora do discernimento nem fatalista do sofrimento.

Não obstante a anuência com esse contributo psicoterapêutico valioso, a *culpa* lúcida, bem absorvida, transforma-se em elemento positivo no que tange ao acontecimento malsucedido.

A simplificação psicológica do ato infeliz, diminuindo-lhe a gravidade e não lhe concedendo o valor que merece – nem mais nem menos do seu conteúdo legítimo –, pode conduzir à irresponsabilidade, à perda de discernimento dos significados éticos para o comportamento, gerando insensibilidade, desculpismo, falta de esforço para a aquisição do equilíbrio saudável.

Existe a culpa tormentosa, aquela que se mascara e adormece no inconsciente profundo, trabalhando transtornos de consciência, ante a consideração do ato ignominioso não digerido. No entanto, pode-se considerá-la numa outra expressão, que seria uma avaliação oportuna sobre o acontecimento, tornando-se necessidade reparadora, que propele ao aloperdão, como ao autoperdão.

Essa conscientização do gravame equipa os instrumentos morais da personalidade, no *Eu superior,* para mantê-lo vigilante, precatando-o de futuras flutuações comportamentais e deslizes ético-morais. Por outro lado, desperta a consciência para estar atenta ante as ocorrências nos momentos infelizes, isto é, naqueles nos quais o cansaço, o estresse, a saturação, o mal-estar, a irritação estejam instalados no organismo. Esse é o momento perigoso, a hora errada para tomar decisões, assumir responsabilidades mais graves. O seu significado terapêutico propõe limites geradores de sensibilidade para perceber, orientar e viver a conduta edificante.

Poderemos encontrar esse tipo de *culpa* não perturbadora na primeira infância, quando medra a faculdade de discernir nos seus primórdios, favorecendo a criança com a noção do que deve em relação àquilo que não convém ser realizado, mais ou menos a partir dos três anos.

Se o indivíduo não possui interiormente, nele insculpido, um código moral para o comportamento, vagueia entre a irresponsabilidade, as psicopatias pessoais e as sociopatias no grupo no qual se encontra.

A *culpa terapêutica* evita que o paciente se lhe agarre transformando-a em necessidade de reparação do delito, assim derrapando em situação patológica. Trata-se apenas de uma plena conscientização de conduta, com vistas à vigilância emocional e racional para os futuros cometimentos.

Identificada, surge o imperativo do autoperdão, através do qual a racionalização do ato abre campo para o entendimento do fato menos feliz, sem punição, nem justificação doentia, mas, simplesmente, *digestão psicológica* do mesmo.

Após o autoperdão, surgem os valores da reabilitação, que facultam o enfrentamento das consequências desencadeadas pelo ato praticado.

Necessário seja entendido que o autoperdão de forma alguma anula a responsabilidade do feito perturbador. Antes faculta avaliação equilibrada da sua dimensão e dos recursos que podem e devem ser movimentados para minimizar-lhe ou anular-lhe as consequências.

Considerada a ação sob a óptica da culpa saudável, não será factível de introjetá-la, evitando que se transforme em algoz interior, que ressurgirá quando menos seja esperado.

Ademais, esse trabalho de identificação da culpa contribuirá para a compreensão da própria fragilidade do *ego*, dos fatores que o propelem às condutas doentias, assim como à lucidez de como pode autoamar-se e amar às demais pessoas e expressões vivas da Natureza.

Quando se foge a esse compromisso de avaliação do erro, estagiando-se no patamar transitório da *culpa terapêutica*, o inconsciente elabora instrumentos punitivos que estabelecem os meios cruéis para a regularização, a recomposição do quadro alterado pelos danos que lhe foram impostos.

Assim trabalhada, a culpa não se converte em ressentimento contra a vítima que foi ferida, nem se traveste de necessidade de serem exteriorizadas a raiva e a animosidade contra as demais pessoas.

Aqueles que se não conscientizam do erro e preferem ignorá-lo, soterram-no no inconsciente, que o devolve de maneira inamistosa, irônica, quase perversa contra tudo e contra todos.

O ato de perdoar não leva, necessariamente, à ideia de anuência com aquilo que fere o estatuto legal e o código moral da vida, mas proporciona a compreensão exata da dimensão do gravame e dos comportamentos a serem adotados para que ele desapareça, devolvendo à vida a harmonia que foi perturbada com aquela atitude.

É inevitável o arrependimento que a culpa proporciona, mas também faculta o *sofrimento expiatório* em relação ao engano, fase inicial do processo de reparação. Não será necessário que se prolongue por um largo período esse fenômeno emocional, a fim de que não se transforme em masoquismo desnecessário e perturbador, gerando autocompaixão, autopunição.

As fronteiras entre uma culpa lúcida e aqueloutra punitiva são muito sutis, e quando não recebem uma análise honesta, confundem-se em um tumulto entre o desejo de ser livre e de ficar aprisionado até a extinção do mal praticado.

Tem ela o objetivo de proporcionar o exercício da honestidade para com o Si, evitando autojustificação, transferência de responsabilidade, indiferença diante do acontecimento.

O *Eu superior* é o fiel para delimitar as linhas de comportamento entre uma e outra conduta, por ter um caráter universalista, que trabalha pela harmonia geral.

Encontro com a verdade

O conceito sobre a verdade é rico de propostas relativas. No entanto, tudo quanto é exato, real e confere com a razão pode ser assim considerado.

Sob o ponto de vista psicológico, seria o saudável comportamental, emocional, proporcionador de bem-estar, de harmonia.

A busca do *Self*, de alguma forma, redundará no encontro com a verdade, com a Vida no seu sentido mais profundo, com a iluminação, a libertação de todos os atavismos e complexidades perturbadoras.

Para que o encontro seja legítimo, torna-se necessário que sejam elaboradas motivações interiores, assim como instrumentos de utilização e perspectivas de possibilidades.

As condutas alienantes constituem mecanismos de fuga da realidade, portanto, da verdade em si mesma. Para que haja uma inversão de conduta, torna-se inadiável o processo terapêutico de recomposição da personalidade, mediante reflexão, diálogos, liberação de traumas e conflitos.

Tendo-se por meta o encontro com a verdade, a motivação deverá surgir como primeiro grande passo, a fim de que o paciente se liberte do marasmo, do pessimismo, do autodesamor e da indiferença em relação ao grupo social de que faz parte.

Que contribuição oferece a verdade? Primeiro, a harmonia entre o *ego* e o *Si*, gerando bem-estar psicológico, alegria de viver, saúde interior e coragem para novos desafios existenciais. Em face dessas motivações, tornam-se necessários os instrumentos da vontade, da esperança, do valor moral, que se encontram debilitados no mundo interior por falta de vivência e de exercício. A vontade pode ser exercitada através das análises dos bons frutos que proporciona, diminuindo a área de conflitos e dependências perturbadoras, abrindo espaço para a serenidade, disposição para agir com retidão, relacionamentos agradáveis...

Passo contínuo, o enfrentamento com a esperança da vitória, porquanto cada conquista faculta compreender que a próxima será mais fácil e arrojada, o que se torna realidade apenas com a perseverança. O valor moral cresce de acordo com os esforços envidados nas etapas anteriores, fortalecendo a capacidade de luta que se encontrava submersa no oceano da acomodação física e mental. A grande meta apresenta-se então factível de ser alcançada, e, à medida que vai sendo conseguida, mais fascinante se torna, facultando ampliação de conteúdos e objetivos, que então superam os limites do imediato para atingir a transcendência do ser existencial.

No processo de busca da verdade, a análise e reflexão do comportamento desempenham papéis fundamentais, porque não se pode mascarar a conduta, tornando-a aceita sem que possua caráter legítimo, o que se transforma, normalmente, em transtorno futuro à vista.

A honestidade para consigo impõe consciência de valor real, o que não ocorre quando se age de forma irregular.

Para uma análise coerente de como se vem comportando, o indivíduo deve estar revestido de grande coragem, a fim de poder desmascarar o *ego* arbitrário, dominador e fátuo, que poucas vezes admite o erro, sendo que se sente credor de toda consideração em detrimento dos outros. Essa coragem irá relacionar as dificuldades, as imperfeições morais, os deslizes, e como ocorrem os fatores propiciatórios e circunstanciais que trabalham contra a harmonia. É nesse capítulo que a coragem enfrentará o medo, a humilhação, a queda do orgulho, verificando a insensatez da ilusão em torno da falsa superioridade ou da tormentosa inferioridade, enquanto brilha a ocasião de avaliar-se no seu significado profundo.

Nesse tentame, o *lado escuro* da personalidade se torna iluminado pela razão e pela possibilidade de crescimento libertador, desde que enfrente o *ego*, arrancando-o do epicentro do esforço, senão todo o processo sofrerá atraso e complicação negativa.

Abrindo-se ao *Eu superior*, os conflitos cederão lugar aos sentimentos de beleza, de automisericórdia e autocompaixão, sem o pieguismo mórbido da autopiedade depressiva, enfermiça. Ante esse *Self* não haverá julgamentos tormentosos, impositivos de punição, mas um desnudamento de todos os valores existentes e não considerados.

Esse encontro reconfortante inspira o bem e o ético, o nobre e o fundamental, alterando o quadro de valores humanos individualistas para uma visão mais consentânea com a realidade do grupo social, a princípio, da Humanidade em geral, mediatamente. Enquanto isso ocorre, o próprio ser se eleva emocionalmente e se liberta dos conteúdos extravagantes da ilusão, do ópio autojustificador das condutas experienciadas.

Na sua condição de Psicoterapeuta Incomum, Jesus enunciou com precisão e sem reservas: – *Busca a verdade, e a verdade te libertará.*

Não se trata de uma verdade religiosa, de uma filiação doutrinária a este ou àquele grupamento de fé, de adesão a um ou a outro partido político, social, de compromisso cultural, filosófico, artístico, mas da verdade que paira acima de todos os limites estabelecidos por grupos e greis, organizações e escolas... É aquela que permanece soberana, livre de toda e qualquer injunção escravagista, egoica, que proporciona paz interior, acima da transitoriedade conflitiva de expressões, que são válidas em um período e perdem o sentido noutra circunstância. Faz superar a ansiedade e conduz ao bem-estar contínuo, mesmo que situações difíceis se apresentem.

Nunca se deve pensar que a paz é ausência de atividade ou de desafios. Trata-se de uma atitude interior ante os acontecimentos, uma forma de ver como transcorrem e nunca uma situação parasitária ou inútil.

Em face dessa constatação, trata-se de fuga psicológica e transferência de lutas, quando se tenta buscá-la na Índia, ou em Jerusalém, ou em Roma, ou diante deste ou daquele *guru*. É um processo pessoal de autodeterminação, de autoesforço, de autoabnegação, possível de ser conseguido desde que hajam sido investidos empenho, decisão e perseverança.

A verdade compensa, estrutura, proporciona saúde.

3
Problemas psicológicos contemporâneos

Violência urbana • Alcoolismo
e toxicomania • Sexolatria

A volúpia pela velocidade, em ânsia indomada de desfrutar-se mais prazer, ganhando-se o tempo, que se converte em verdadeiro algoz dos sentimentos e das aspirações, vem transformando o ser humano em robô, que perdeu o sentido existencial e vive em função das buscas, cujas metas nunca são conseguidas, em face da mudança que se opera no significado de cada uma.

A superpopulação das cidades, desumanizando-as, descaracteriza o indivíduo, que passa a viver exclusivamente em função do poder que pode oferecer comodidade e gozo, considerando as demais pessoas como descartáveis, evitando vincular-se-lhes afetivamente, pelo receio que mantém de ser utilizado e esquecido, em mecanismo inconsciente sobre o comportamento que conserva em relação aos outros.

O egoísmo passa a governar a conduta humana, e todos se engalfinham em intérmina luta de conquistar o melhor e maior quinhão, mesmo que isso resulte em prejuízo calculado para aqueles que partilham do seu grupo social.

Nesses conglomerados, a astúcia parece substituir a inteligência, e o imediatismo desestrutura todas as manifestações éticas que fazem parte das conquistas da inteligência e da civilização.

A diminuição do espaço constrange aquele que ali reside e alucina-o, por impedi-lo de movimentar-se saudavelmente e de viver com dignidade, empurrando-o para a busca desordenada de substitutivos emocionais que lhe são negados pelas injustiças e cruezas dos interesses mesquinhos, atirando-o no desespero sem quartel.

Proliferam os contrastes socioeconômicos e, de imediato, os sociomorais, separando os indivíduos que se alçam, os primeiros, às posições invejáveis, e os segundos, que são atirados aos pardieiros da vergonha, da miséria, do abandono, onde vicejam os crimes hediondos e a indiferença pela vida, caso, também, não acontecesse o mesmo, guardadas as proporções compreensíveis, com os grupos privilegiados, nos quais predominam a abastança e o tédio.

De forma idêntica, a riqueza, que aumenta em um país, conspira em favor da miséria em outro, que se depaupera, enquanto o afortunado que o explora progride, ampliando a área dos conflitos individuais que explodem mais tarde em lutas coletivas, em guerras destruidoras.

Nesse campo, eivado dos espinhos da insensibilidade pela dor do próximo, pelo abandono das multidões esfaimadas e enfermas, pelo desconforto moral que se espraia, os valores éticos, por sua vez, passam também a ser contestados pelos que se consideram privilegiados, atribuindo-se o direito de qualquer conduta que o dinheiro escamoteia e a sociedade aceita.

A inversão dos conteúdos psicológicos individuais e coletivos demonstra a imaturidade moral e espiritual de indivíduos e grupos sociais, cujos objetivos existenciais estiveram vinculados, durante a formação da personalidade, no utilitarismo, na conquista do poder para usufruir, na construção do *ego* que se insensibiliza, a fim de fugir à responsabilidade dos deveres da solidariedade e da participação.

Aquele que se isola no interesse pessoal, escraviza-se-lhe, tornando-se vítima de si mesmo, apresentando um rosto feliz e vivendo uma experiência atormentada.

Por sua vez, a Ciência e a Tecnologia auxiliando o progresso da sociedade, deixaram nas mentes a impressão de serem portadoras do poder absoluto, capazes de preencher as lacunas das necessidades, acreditando que trabalhavam apenas o homem físico, *animal,* social, olvidando propositadamente o espiritual, aquele que é a realidade, o *Self* eterno.

De fato, as conquistas contemporâneas libertaram o ser humano de muitos pesados labores, mas não conseguiram preencher-lhe o vazio existencial, que tem sido fundamental em todo o processo da evolução psicológica e psíquica do mesmo.

A falência desses valores e conquistas é inegável, tornando-se inadiável uma mudança de proposta filosófica e de conduta psicológica humana.

Violência urbana

Herdeiro do primitivismo antropológico, do qual ainda não se libertou e predomina em sua natureza, o cidadão acuado reage, passa a agredir, porque se sente agredido, desde que dilapidado nos seus direitos humanos mínimos, que lhe não foram concedidos.

Mitologicamente, o ser humano pode ser dividido em duas partes. Acima do diafragma encontra-se na luz do dia e abaixo na sombra da noite. Desse modo, as funções superiores da circulação, dos sentimentos, do pensamento, da respiração encontram-se na área nobre, iluminada, enquanto que as de excreção, sexo e reprodução no campo-sombra, sem o necessário controle, equiparando-se ao animal.

Essa herança física do animal corresponde às suas reações emocionais que estão fora do controle da mente e o levam a delinquir.

Por outro lado, trazendo as marcas genéticas delineadoras do caráter caprichoso e enfermiço, resultado do clã onde renasceu por imposição das leis da evolução, se encontrasse apoio social e orientação espiritual mediante uma educação global, seria possível infundir-lhe coragem para lutar contra os fatores adversos, alterar os projetos e as aspirações, insistir no bom combate para realizar-se, como ocorre sempre com os Espíritos fortes, delineadores dos destinos felizes da Humanidade, após haverem nascido em situações hostis e grupos subjugados pela escravidão racial, política, comunitária ou sob injunções limitadoras, degenerativas.

Basta que sejam recordados os exemplos incomparáveis de Sócrates, Epiteto, Lincoln, Gandhi, Steinmetz, Martin Luther King Jr., entre muitos outros, que não se deixaram vencer pela situação de penúria, de enfermidade ou de desprezo, por onde recomeçaram a existência, pontificando nos ideais que levaram adiante, facultando aos pósteros a oportunidade de serem mais felizes e dignos do que eles próprios tiveram ocasião de experimentar.

Certamente, eram possuidores de estruturas psicológicas superiores, trabalhadas em muitas reencarnações, que volveram ao proscênio terrestre com missões específicas, de que se desincumbiram com sofrimento e elevação.

A expressiva maioria, porém, daqueles que não possuem esses traços fortes da individualidade espiritual, afoga-se nas águas torvas das injustiças e misérias humanas, sendo empurrados para o crime, que começam a desenvolver na infância malcuidada, submetida a tratamento sub-humano em meios hostis e contaminados pelas doenças da alma, da sociedade, das perversões.

Noutro aspecto, a violência encontra-se embutida nos *instintos básicos* do ser, ainda não superados, e além das suas manifestações patológicas, a falta de educação, ou o exemplo dos vícios com os quais convive, com a ausência absoluta do sentido ético, da dignidade moral, ficam insculpidas nos seus *tecidos emocionais* as condutas agressivas e violentas de que se nutrem.

O ócio, que trabalha em favor do amolecimento do caráter, é também morbo que enferma o *constructo* do ser psicológico, danificando-o mortalmente.

Sob outro aspecto, nos meios sociais bem aquinhoados, a Tecnologia ofereceu tantas comodidades que o tempo passou a multiplicar-se, libertando o indivíduo de muitos labores, que as máquinas executam com superior desempenho, deixando-o sem muitos deveres ou quase nenhum, psicologicamente conduzindo-o à busca de emoções fortes para fugir do desespero íntimo, transferindo as suas condutas para a violência.

Quando não se é bem-educado, age-se por instinto, por automatismo psicológico de autodefesa, em processo inconsciente de agressão, precatando-se para não ser agredido.

Essa violência, que estruge no âmago do ser e o leva a agredir aquele que lhe está mais próximo, condu-lo à criminalidade, tão logo lhe surja oportunidade, deixando-o mais devorar-se pelo sentimento do ódio que o domina, ou da indiferença ante o que pratica, por acreditar que está agindo conforme vem sendo tratado pela sociedade.

A ausência do discernimento, portanto, de consciência ante o que deve e pode fazer, em relação ao que pode, mas não deve executar, ou ao que deve, mas não pode produzir, impulsiona-o sempre a dar continuidade aos desmandos que o convertem em um revel, mais digno de reeducação do que propriamente de punição. Enquanto os governos e a sociedade não compreenderem que o problema da violência se deriva de muitos fatores psicossociológicos que podem ser corrigidos, porque mórbidos, perversos, pelas injustiças de que se revestem, o desafio crescerá ameaçando a própria estrutura da comunidade na qual prolifera a soldo da revolta e do ressentimento de todos quantos lhe sofrem o gravame.

Naturalmente, outros fatores preponderantes contribuem para a violência, especialmente as psicopatologias que acompanham o ser humano exigindo tratamento adequado, mas são em número menor do que aqueles que resultam da indiferença humana em relação aos menos favorecidos.

Os lares, totalmente desestruturados nos bolsões da miséria socioeconômica, os genitores, psicologicamente enfermos pelos sofrimentos que experimentam, perversos no trato com as crianças que lhes pesam como verdadeira maldição, geram medos infantis, traumas profundos, angústias e ressentimentos que eclodirão mais tarde em crimes hediondos, sem que tenham qualquer consciência do que estão praticando, tão natural se lhes faz esse mórbido comportamento.

A tecnologia desalmada, a sociologia escrava dos interesses de grupos e de governos insensíveis criaram os gigantes que agora se voltam contra elas. Havendo eliminado o *sagrado* mediante a zombaria, o desrespeito pelas heranças culturais e antropológicas da crença na imortalidade da alma e em Deus, desestruturaram o ser humano e nada lhe ofereceram como substituto, deixando-o *órfão* de valores idênticos, portanto, sem rumo.

Essa violência contra o passado desarticulou as esperanças do futuro.

As raízes psicológicas do ser humano não podem ser extirpadas sem danos graves para a sua formação ética, porquanto tal ocorrência lhe estrangula os sentimentos de amor, de humanidade e de respeito à vida.

A violência é doença da alma, que a sociedade permitiu se contaminasse.

Uma revisão dos conteúdos sociais e éticos, o reconhecimento da necessidade terapêutica do indivíduo, buscando Deus e a religião sem dogmas nem castrações, abrir-lhe-ão espaço emocional para a paz, a compreensão, a não violência, o amor.

Oxalá vicejem nas mentes os sentimentos de responsabilidade pelo próximo, de solidariedade pelo vizinho, de respeito pelo cidadão, de construtor do futuro, e a violência cederá lugar à mansuetude, à pacificação.

Alcoolismo e toxicomania

A vida é uma dádiva de alegria, que deve ser recebida com entusiasmo e autorrealização.

Esplende em toda parte e se expande no ser humano, expressando-se como conquista da beleza, da saúde e da paz.

O organismo humano constituído harmonicamente está preparado para a autorrecuperação, o refazimento, quando os tecidos se gastam ou sofrem agressões, obedecendo a automatismos bem delineados pela própria estrutura biológica. No entanto, o ser psicológico não se refaz automaticamente, recuperando-se de uma depressão, de uma síndrome de pânico, de um transtorno neurótico simples ou psicótico profundo, o que requer terapeuta especializado.

Em razão disso, o equilíbrio psicológico do indivíduo é de vital importância, em face dos procedimentos que dele se derivam para a saúde orgânica e emocional, nos inúmeros quão constantes processos de ocorrência frequente.

Nas injunções perturbadoras que se iniciam na infância, sob a dolorosa crueldade de uma genitora insensível ou perversa, de um pai negligente ou impiedoso, nas condutas sociais viciosas proliferam os fatores de desestruturação da personalidade, empurrando suas vítimas para a dipsomania, para a toxicomania, para a dependência química.

A hereditariedade exerce um papel de destaque, por oferecer condicionamentos que se fixam nas células do futuro paciente, tornando-o um enfermo, que exige cuidados terapêuticos bem orientados. Por outro lado, as patologias obsessivas resultantes de processos reencarnacionistas sob injunções morais de alta gravidade contribuem para que se manifestem desde cedo as tendências viciosas, nessa área turbulenta do comportamento psicossocial do ser humano.

Tal ocorrência, a da obsessão, é fruto de reencarnações compulsórias, as quais os infelicitadores se recusaram a aceitar como recurso de recuperação moral; produziram-lhes no íntimo revolta contra as Leis de Deus, que não puderam ludibriar ou infringir impunemente.

A revolta natural, dessa conduta decorrente, e os mecanismos de recuperação psíquica, abrem campo mental para a indução perniciosa, facultando a sintonia espiritual e a busca insensata da absorção de drogas geradoras de dependência.

A falta de ideal, de objetivo existencial, de fatores que proporcionem a autorrealização, de conduta religiosa otimista, de solidariedade fraternal, de afetividade equilibrada, constituem armadilhas que precipitam os incautos nos fossos terríveis da loucura, do suicídio, do homicídio...

A própria busca dos alcoólicos, assim como dos tóxicos, decorre de uma necessidade inconsciente de autodestruição, fugindo pelos corredores estreitos do prazer alucinado até à consumpção, por não dispor de espaço emocional para a alegria ampla, nem as experiências gratificantes do prazer natural.

É uma chaga social e moral das mais graves o alcoolismo, porque muito bem-aceito nos conglomerados humanos, por significar nos grupos economicamente elevados um *status* correspondente ao poder, à glória, à fama, ao destaque... e nos guetos representar um mecanismo de fuga da realidade; de igual forma é a asfixia na ilusão.

Paradoxalmente, a sociedade receita a ingestão de bebidas alcoólicas nas suas reuniões e festas como a melhor forma de expressar o júbilo, porque, na maioria das vezes, aqueles que acorrem a esses encontros festivos estão fugindo da solidão, dos conflitos pessoais e familiares, do estresse do trabalho, das injunções do *superego* castrador e exigente, afogando as ansiedades e os medos nos delírios do falso prazer.

Bebe-se socialmente, em grupos elevados ou de baixo contexto econômico; gera-se dependência, sem reconhecer-se a gravidade do fenômeno até o momento quando o indivíduo se torna alcoólico e o retorno é quase impossível.

Da mesma forma, o uso de drogas estimulantes umas e alucinatórias outras, que geram estados alterados de consciência, tem os seus estímulos nos grupos de desajustados que se reúnem por afinidades de propósitos e de comportamentos, permitindo-se as fugas espetaculares da realidade que temem e tentam anular, para as viagens ligeiras e traiçoeiras da volúpia dos prazeres falsos e de consequências imprevisíveis...

O rico utiliza-se do uísque, da cocaína, do tabaco de Havana, enquanto o pobre usa a aguardente, o *crack,* o tabaco de segunda ou nenhuma categoria, buscando idêntico resultado, que é o abandono de si mesmo nos resvaladouros da loucura. O primeiro começa de forma elegante, enquanto o segundo se entrega sem qualquer escrúpulo nem estética, confundindo-se ambos no mesmo charco da promiscuidade e da insensatez.

Nos delírios que o álcool e a droga proporcionam, a insegurança do paciente faz-se substituída pelo destemor e valentia, que são resultados da irresponsabilidade, produzindo sensação de vitória sobre os limites soterrados no inconsciente pelos fatores dissolventes da personalidade.

O amor, porém, é sempre o grande auxiliar que a família deve proporcionar aos dependentes de um como do outro vício devastador, a fim de restituir-lhes a autoconfiança, a disposição para submeterem-se à terapia conveniente, ao entendimento dos objetivos da existência, que deixaram de ter qualquer valor para suas existências fanadas.

Por outro lado, as organizações não governamentais especializadas na ajuda aos viciados dispõem de um valioso arsenal de auxílios, que colocam à disposição dos interessados, como resultado da experiência com inúmeros pacientes, ao tempo em que podem equipar a família de recursos psicológicos e fraternais, para contribuírem em favor dos resultados salutares que todos anelam.

Pode-se considerar, na atualidade, que se trata de dois terríveis flagelos destruidores, que descarregam suas adagas sobre a sociedade, conspirando contra o equilíbrio e a harmonia do cidadão como indivíduo e da Humanidade como um todo.

As estatísticas apresentam dados alarmantes, que não são levados em consideração por muitas comunidades nem pelos governos de muitos povos, cujos líderes são exemplos infelizes do consumo do álcool e das drogas, particularmente, também, em determinados redutos artísticos, nos quais a ausência de confiança nos próprios valores induz suas vítimas em potencial a recorrerem a esses expedientes perturbadores, que lhes concedem efêmera duração nas carreiras que abraçam.

A arte, a Filosofia, o trabalho não têm qualquer compromisso com alcoólicos e drogas aditivas, que somente lhes perturbam a execução, o desempenho das atividades.

Não poucas vezes, são tomados como exemplos credores de consideração aqueles que se apresentaram como gênios e que, simultaneamente, foram vítimas de solidão, depressão, transtorno esquizofrênico, alcoolismo, tóxicos, olvidando-se, quantos assim pensam que, sem esses distúrbios nas suas vidas, além de serem mais duradouras e prolíferas, eles já eram dotados da superior expressão da genialidade.

A pressa para fruir o prazer além dos limites, ou para ganhar dinheiro enquanto está no topo, exaure o ser humano; e este, para continuar na disputa em favor de mais aquisição, despreza o refazimento de que necessita, das horas de lazer e de reconforto moral, pensando em amealhar e gozar além do necessário, por saber transitória a sua posição de destaque e de predomínio, não vivendo realmente feliz, embora se encontre no máximo das realizações.

Simultaneamente é devorado pelo medo de perder a posição, em face da disputa feroz com outros que se lhe acercam ambiciosos e desesperados para usurpar-lhe o lugar, para o que se permitem quaisquer recursos, desde que encontrem glorificação e fortuna, a fim de enlouquecerem de narcisismo e de angústia posterior...

Esse fenômeno é decorrência da instabilidade emocional e da volúpia de atingir o cume, e ali ficar indefinidamente, sem compreender que a Lei do Progresso dá continuidade ao seu curso sem parar. Outros valores surgem e se tornam necessários, porquanto a harmonia da beleza é uma decorrência das cambiantes e aparentes diferenças que surgem no conjunto universal.

Cada criatura desenvolve um mister, e deve viver intensamente o seu ciclo, sem atar-se-lhe, de forma que, ultrapassado o período, não fiquem sequelas de amargura ou de saudade desnecessárias, considerando que contribuiu com o melhor das possibilidades de que dispunha, havendo tornado a vida mais completa e digna.

Quando isso não sucede, o êxito se transforma em amargo licor de apaixonada fixação para não ceder lugar aos que vêm depois, tombando no ridículo, nas fugas insensatas pelos alcoólicos e tóxicos diversos, assim permitindo, sem o desejar, que a glória seja substituída pela decadência humilhante.

A arte de envelhecer, de ceder passo, de amparar as gerações novas, é valiosa conquista da maturidade psicológica e da saúde mental, que caracterizam aqueles que se fazem amar e permanecem na memória de todos após o seu momento.

É uma conquista da sabedoria poder-se distinguir o momento quando se deve ceder o trono, sem perder a compostura, de forma que fiquem as lições valiosas das realizações, continuando-se em paz interior e alegria por constatar que a obra realizada não se acabará quando cessar o período daquele que a executou.

Narra-se de um excelente cantor de ópera que foi convidado pelo seu maestro a aposentar-se. Ante a inusitada proposta, ele reagiu, interrogando: – *Que dirão os meus admiradores?*

Muito sensatamente, respondeu-lhe o outro: – *Melhor será que eles interroguem, lamentosamente:* mas já?!... *a que desdenhem*: que pena, mas ainda não?!

A terapia para essas dependências deve ser iniciada sem qualquer relutância quanto antes e com seriedade, porquanto a intoxicação orgânica que produzem, com certa facilidade traz de volta o usuário ao seu hábito doentio.

O ideal será o esforço saudável para evitar-se a contaminação perigosa, que se inicia, ingenuamente, como *experiência* descomprometida, às vezes, na infância como na juventude sem discernimento, podendo surgir em qualquer momento de depressão, ou de necessidade de autoafirmação, ou de evasão da responsabilidade ante desafios ou emergências emocionais.

A profilaxia é mais segura que o tratamento, em face da ausência de quaisquer danos cerebrais, nervosos, dos aparelhos respiratório e digestivo...

Sejam, pois, quais forem que se apresentem os convites para *embalos* e experiências alcoólicas, a fim de que sejam conquistados olvidos a questões desagradáveis ou realizações fantasiosas, o enfrentá-los é a mais correta atitude psicológica e social, ética e humana que cabe ao indivíduo eleger.

Sexolatria

Freud, com muito acerto, descobriu na *libido* a resposta para inúmeros transtornos psicológicos e físicos, psiquiátricos e comportamentais que afligem o ser humano.

Baseando-se nas heranças antropológicas, o insigne mestre vienense estabeleceu os paradigmas da Psicanálise, fundamentados nos mecanismos do sexo e toda a sua gama de conflitos não exteriorizados.

Examinando a sociedade como vítima da castração religiosa ancestral, decorrente das inibições, frustrações e perturbações dos seus líderes, que através de mecanismos proibitivos para o intercâmbio sexual, condenavam-no como instrumento de sordidez, abominação e pecado, teve a coragem intelectual e científica de levantar a bandeira da libertação, demonstrando que o gravame se encontra mais na mente do indivíduo do que no ato propriamente dito.

Referindo-se à intolerância judaica a respeito da higiene pelo lavar das mãos e do rosto antes da refeição, que era tida como regra fundamental de comportamento, assim tornando imunda a ação que não se submetia a tal usança, o apóstolo dos gentios exclamou com veemência: – *Eu sei, e estou certo no Senhor Jesus, que nenhuma coisa é de si mesma imunda, a não ser para aquele que a tem por imunda; para esse é imunda.* (Romanos, 14:14.)

Por extensão, pode-se afirmar que o comportamento imundo não é o do sexo propriamente dito, porém de quem o vive, conforme o seu estágio de evolução e dos seus sentimentos.

Posteriormente, a questão do sexo se tornou uma verdadeira *ditadura da libido*, merecendo de alguns discípulos do nobre psiquiatra-psicanalista, reações especiais quais ocorreu com Carl Gustav Jung, Alfred Adler, Erich Fromm e outros, que ampliaram o conceito, apresentando novas excelentes vertentes da proposta inicial.

Outros mais, no entanto, continuaram com a mesma conduta do *pai da Psicanálise*, tornando-se-lhe culturalmente *filhos* e *netos* de eleição.

São os casos dos eminentes Wilhelm Reich e seu discípulo Alexander Lowen, que deram prosseguimento ao profundo estudo da libido, criando, o primeiro, a terapia bioenergética, enquanto o segundo ampliou a técnica dos exercícios para a libertação dos conflitos e dos problemas orgânicos, derivados das perturbações sexuais.

Certamente, uma vida saudável é aquela na qual todas as funções orgânicas funcionam normalmente, como decorrência do equilíbrio psicológico, que faculta alegria de viver e realização plena.

O indivíduo é a medida das suas realizações interiores e de toda a herança que carrega no seu inconsciente, o que equivale a dizer que é o resultado inevitável da sua longa jornada evolutiva, na qual, passo a passo, se liberta do instinto mediante o uso correto da razão, desta passando para a intuição.

O *Homo sapiens* alcançou o *Homo tecnologicus,* e este ascende para o *Homo noeticus,* quando então, haverá predomínio da vida parapsíquica, conduzindo-o a estados especiais de comportamento.

A contribuição de Freud para a libertação da criatura humana, arrancando-a da hipocrisia *vitoriana* e *clerical* anteriores, dando-lhe dignidade, é de valor inestimável. No entanto, o ser humano não é somente um *animal sexual*, mas um Espírito imortal em trânsito por diversas faixas do processo antropológico na busca da sua integração no Pensamento Cósmico.

O predomínio, por enquanto, da sua *natureza animal* por cima da *natureza espiritual*, é transitório, decorrente da larga jornada que se iniciou como *psiquismo* embrionário, atingindo o patamar de Espírito inteligente no rumo da angelitude.

Departamento de alta magnitude do corpo físico, o aparelho genésico, em razão da elevada finalidade a que se destina – a de reprodução –, está fortemente vinculado aos mecanismos da mente e da emoção, sobretudo, dos comportamentos transatos, que geram as consequências inevitáveis do bom ou mau funcionamento dos seus mecanismos, ora na busca do prazer, vezes outras para a perpetuação da espécie, noutros momentos para a completude hormonal e, por fim, para a realização total.

Emparedado em preconceitos doentios, vitimado por castrações de mães impiedosas ou superprotetoras e de pais violentos, de famílias arbitrárias, de meios sociais mórbidos, a criança não se desenvolve com o necessário equilíbrio emocional, escondendo a própria realidade em atitudes incompatíveis com a saúde mental e emocional, tombando posteriormente em situações vexatórias, inibitórias, aberrantes ou tormentosas.

Em face da inibição de que é vítima, o indivíduo passa a ignorar o próprio corpo, quando não ocorre detestá-lo em consequência da incompreensão dos seus mecanismos, vivendo emparedado em cela estreita e afligente, que termina por gerar grandes confusões no comportamento psicológico e na saúde física.

Somatizando os conflitos não *digeridos,* elabora enfermidades de grave curso, que não encontram solução, exceto quando são realizadas as terapias convenientes, orientadas para o rumo dos fatores responsáveis pelos transtornos.

O conhecimento do próprio corpo, sua identificação com as funções de que se constitui, o uso equilibrado das suas possibilidades, contribuem para uma existência harmônica, ampliando o quadro da autorrealização e do bem-estar, que são metas próximas para todos os seres humanos mergulhados na indumentária carnal.

A existência terrestre não tem a finalidade punitiva que se acentuou por muitos séculos, em condutas perversas e infamantes por parte da Divindade, que mais se apresentava como algoz impenitente, comprazendo-se na desdita das suas criaturas que almejando pela felicidade delas.

O que tem faltado é a conveniente orientação educacional para a vida sexual, assim como o equilíbrio por parte dos religiosos e educadores, líderes de massas e agentes multiplicadores sociais, que sempre refletem as próprias dificuldades de relacionamento e vivência sexual, abrindo espaços para que múltiplas correntes de condutas, não poucas vezes exóticas, assumam cidadania, mais perturbando os indivíduos em geral, e particularmente as gerações novas, porque desequipadas de esclarecimento.

Arrebentadas as amarras da proibição, o ser humano vem tombando na permissividade, como efeito da demorada castração a que foi submetido anteriormente.

Pareceria que a denominada *liberação sexual* contribuiria para que as criaturas se realizassem mais e se encontrassem mais equilibradas emocionalmente, o que não vem ocorrendo.

Da mesma forma que o impedimento não produziu pessoas saudáveis, a libertinagem em voga não tem conseguido harmonizá-las, favorecendo, pelo contrário, mais devastadoras condutas e vivências em *clãs,* grupos isolados, bem como na sociedade como um todo, que se encontra desorientada.

O sexo, convenha-se considerar por definitivo, existe em função da vida, e não esta em dependência exclusiva dele. O ser humano, dessa forma, necessita do sexo, mas não deve viver em sua dependência exclusiva.

Outras finalidades existenciais servem-lhe de objetivo, impulsionando-o a uma vida feliz e plena, através dos ideais e metas que cada qual se impõe, tornando a função sexual complementar, não indispensável.

A questão, portanto, não está em atitude de abstinência física, quanto se pensou durante muitos séculos, nem no abuso das atividades da pélvis, através dos movimentos libertadores, como sugerem alguns bioenergeticistas. Porém, em um saudável direcionamento das funções com finalidade salutar.

Os dias hodiernos, em que o sexo se transforma em motivo essencial da existência humana, têm produzido mais angustiados e insatisfeitos do que se poderia imaginar, dando margem ao surgimento de ansiosos e frustrados que, considerando a existência como meio para alcançar orgasmos continuados, conduzem-se ao uso de bebidas alcoólicas, de drogas aditivas e outras estimulantes e responsáveis pela capacidade da função, que deverá sempre ser espontânea e criativa através do amor.

Constitui o amor o mais maravilhoso *élan* para a vida sexual, em vez do barateamento da função, que se vem tornando tormentosa idolatria.

O despertar do Espírito

Há uma tendência psicológica no ser humano para, quando sai da escravidão e não sabe usar a liberdade, cair na libertinagem dos costumes, na qual se torna mais servo do que senhor, mais limitado do que independente, mais infeliz do que antes. É compreensível que se aspire à liberdade e nela se viva, pois a vida e o amor são dádivas de libertação, jamais de coerção e de sofrimento. O mau uso dessa liberdade é que responde pelas consequências lamentáveis da desarmonia, porque atenta contra os limites que são impostos, como recurso de equilíbrio para a própria existência.

É fácil observar-se nos animais da escala evolutiva quando se buscam, que estimulados pelas necessidades procriativas, exercem o sexo sem tormento, sem culpa, que são sempre resultados da emoção humana desequilibrada.

A vida em liberdade é aquela que, quando a desfrutamos, faculta os mesmos direitos aos outros seres; que não afronta as leis naturais; que se compraz na realização integral.

Em face, portanto, de quaisquer conflitos que se apresentem no comportamento psicológico do indivíduo, a eleição de prioridades para uma existência digna contribui positivamente para a liberdade e a felicidade pessoal.

4
Atividades libertadoras

Autoidentificação • Educação e disciplina
da vontade • Sublimação da função sexual

A alegria é a mensagem mais imediata que caracteriza um ser saudável.
Quando se instala, todo o indivíduo se expressa num fluxo de energia que o domina, que se movimenta dos pés à cabeça e dela à planta dos pés. Há um *continuum* de vitalidade que irriga todo o corpo, demonstrando que se está vivo, sem áreas mortas nem constrangimentos psicológicos inquietadores.

A infância é o exemplo natural da verdadeira alegria. Porque ainda não tem consciência de culpa, toda ela esplende num sorriso, entrega-se à espontaneidade, exulta no contato com as coisas simples, com os pequenos animais, com os brinquedos, e até mesmo com ocorrências perigosas. Dir-se-á que essa atitude é resultado da inocência. Sua nudez é natural, todas as suas expressões são destituídas de objetivo.

Pode-se compará-la ao estado de *pureza* das figuras mitológicas de Adão e Eva, no Paraíso, antes da sedução pela *serpente*, a fim de que provassem da árvore do *bem e do mal*, após o que se descobriram, e experimentando *consciência de culpa* esconderam-se...

Não poucas vezes, porém, esse encantamento juvenil desaparece sob a pressão de adultos severos e irritados que sempre agridem, esquecidos que o seu humor negativo irá prejudicar significativamente o desenvolvimento emocional da criança, atirando-lhe petardos mentais e verbais devastadores, quando não se utilizam covardemente da agressão física para exteriorizarem os conflitos que os devoram.

A alegria estruge diante das ocorrências simples e descomprometidas, tais uma pequena jornada que se realiza caminhando descalço, sentindo as folhas e a terra gentil sob os pés, experimentando o contato com a Natureza pulsante de vida. Noutras vezes, surge, quando se rompe a masmorra dos limites e se espraiam os olhos por sobre o mar, viajando sem medo pela imaginação; ou se apresenta quando tem início a alva colorindo a Terra e vencendo a sombra, em mensagem de vitalidade, de despertar; ou se manifesta no momento em que se estão plantando sementes após o amanho do solo...

A alegria é a presença de Deus no coração do ser humano, cantando, sem palavras, melodias de perenidade, mesmo que de breves durações.

Diante de tais ocorrências naturais, enriquecedoras, o *superego* não se apresenta dominante, impondo o que se deve ante aquilo que se não deve vivenciar, como herdeiro que é de todas as imposições agressivas dos genitores ou castrações impostas pelo grupo social, religioso, étnico, que ficaram arquivadas no nível abaixo-próximo da consciência.

Nesse contributo da alegria o indivíduo é livre, desalgemado, retornando à pulcritude do período infantil antes das imposições caprichosas dos esquemas de coerção.

Vivendo-se em sociedade formal, com suas regras criadas para agradarem ao *ego* narcisista, a alegria espontânea raramente se expressa, em razão dos constrangimentos ou das adulações que propõem conduta artificial, disfarce de sentimentos, nivelamento de aparências e comportamentos iguais.

Para que essa convivência social se expresse dentro dos padrões estabelecidos, surge a necessidade de educar-se a criança a comportar-se conforme o conveniente, limitando-lhe a área dos movimentos, o campo de ação. Nesse momento, quando não se age com o necessário cuidado e respeito pelo ser em formação, rompe-se-lhe a integridade, estabelecendo-se disputas, lutas que não podem ser vencidas pelo educando, terminando por anular-lhe a identidade, tornando-o submisso em mecanismo de sobrevivência adequada, formal, sem o brilho da naturalidade que foi alterada.

O comportamento passa por grave modificação, expressando-se como automatismo social sem sentimento afetivo.

A imagem daquele que lhe rompeu o elo com o Si profundo passa a dominar-lhe o mundo emocional, apresentando-se perturbadora, detestável, que se refletirá nas demais pessoas, que serão aceitas, temidas, mas não amadas.

A alegria é o prêmio que se conquista através da autoidentificação.

Autoidentificação

O autodescobrimento, resultado da imersão no ser profundo, é meta prioritária para que seja conseguida a autoidentificação.

Trata-se de um grande esforço para vencer-se todo um contingente de imposições injustificáveis, que construíram no mundo íntimo as máscaras para a conivência no grupo social, bem como para a autossatisfação habitual, com o que se pode viver, porém de maneira incompleta.

Considerando-se todo o contingente de *mitos* que passaram a habitar o panteão da imaginação infantil, a sua influência torna-se mórbida, por facultar o excesso de fantasias, de ilusões, nas quais o *ego* se refugia, evitando o contato com a realidade que parece cruel.

Nesse contexto do desenvolvimento emocional, surgem as expressões da sexualidade que, não havendo sido antecipada por lúcidos esclarecimentos, conduz a comportamentos inconscientes de culpa, a viagens mentais impossíveis de serem realizadas, a graves tormentos íntimos, que tentam ocultar a ocorrência normal imposta pelos hormônios do processo de crescimento biológico.

Estacionando nessa fase o amadurecimento psicológico, o indivíduo permanece retido na infância mal vivida e, seja qual for a idade orgânica, não adquire um correspondente desenvolvimento emocional.

Todo aquele que deixa de conhecer a própria identidade sofre uma alteração significativa para pior, no seu processo de crescimento, que o torna desvitalizado interiormente, sem espírito lúcido, incapaz de decisões acertadas, sem contato com o corpo que passa a ignorar ou odiar, formulando programas de autoanulação em torno das funções e impositivos naturais.

Em tais condutas, surgem muitos ditadores domésticos e de grupos, religiosos fanáticos e insensíveis, governantes perversos, que se *vingam* nos demais infligindo aquilo que os aflige, impondo leis arbitrárias, diretrizes impossíveis de serem aceitas com equilíbrio, autorrealizando-se no sofrimento que estabelecem para os outros, sadicamente vivenciando a sua alegria mórbida.

Essa perda de identidade atormentará o ser até quando se resolva por uma terapia conveniente, conquistando a coragem de trabalhar por adquirir a autoidentificação, a fim de saber o que deve ser feito para tornar-se alegre e feliz.

É sempre ideal que essa terapia tenha sido iniciada quanto antes, evitando-se fixações enfermiças e transtornos que fazem da existência um calvário silencioso.

Quando o *Eu* se identifica com qualquer realização, ocorrência ou pessoa, torna-se-lhe submisso, sofrendo-lhe a influência. À medida, no entanto, que se desidentifica, passa a dirigir e comandar em estado de liberdade emocional.

Por efeito, autoidentificar-se é desidentificar-se de tudo aquilo que foi assimilado por imposição, constrangimento, circunstância de conveniência, sem a real anuência do Si profundo.

A autoidentificação, embora a diversidade de conceituação, pode ser considerada como a conquista dos valores nobres e libertadores que se transformam na suprema aspiração do ser. A dificuldade é estabelecer-se aquilo que, em verdade, pode ser considerado como aspiração mais elevada, tendo-se em vista que há uma variedade constante de aspirações que surgem à medida que o indivíduo cresce e se desenvolve, aspira ao conceito de felicidade e o elabora.

Considere-se aqueles que se autoidentificam apenas com o corpo, com a profissão, a vida emocional ou intelectual e teremos uma relativa conquista, porquanto, lograda essa meta, desaparece o valor da vitória.

Noutros casos, a autoidentificação pode ser considerada como a busca da consciência pura, que somente é conseguida após a experiência do *Eu* tornado fator primordial e central da consciência.

Ainda se pode analisá-la do ponto de vista da harmonia com o Si, ou o *Eu superior,* ou o Espírito que se é, liberando-o das masmorras que o limitam, e passando por diferentes fases do processo de emancipação. Alcançar essa *essência do Ser,* como fator espiritual e permanente da vida é o objetivo.

Esse encontro se opera quando se passa à auto-observação como centro de busca, examinando-se o comportamento interior, as ambições e experiências, para descobrir-se que há um mundo íntimo vibrante, sensível, aguardando. Através do *olho mental* penetrante consegue-se a introspeção saudável, direcionada para as ocorrências psicológicas, desse modo adquirindo-se um conhecimento consciente.

Iniciando-se nas sensações, graças à bem direcionada conquista do corpo, sua vitalidade e movimentos harmônicos, passa-se ao segundo estágio, que são as emoções, os sentimentos, e que se torna mais difícil, pelo hábito de experiências externas, objetivas. Quando se viaja para o campo subjetivo, defronta-se dificuldade que somente é vencida pela perseverança, a fim de alcançar-se a área das atividades mentais, captando as diferenças entre o que se pensa e o que se é, a mente e o *Eu...*

A técnica apresentada pela psicossíntese é de perfeita consonância com a realidade do Espírito, quando o indivíduo pode afirmar que *tem um corpo, mas não é o corpo,* que está no corpo, no entanto, a realidade paira acima dele. Conseguir-se essa distinção entre o que se é e o que se tem, exige correção de linguagem, como por exemplo, quando se diz costumeiramente: – *Meu corpo, minha casa, meus bens, meu Espírito...*

Não é o Espírito uma posse do corpo, mas este que àquele pertence. O correto será afirmar-se: – *Eu, Espírito, tenho um corpo, uma casa, bens*, que afinal são transitórios e mudam de mãos, menos o ser essencial, que permanece após todas as conjunturas e ocorrências.

Da mesma forma, passando-se à análise da vida emocional, ela é possuída, mas não possuidora, isto é: – *Eu tenho uma vida emocional, mas não sou a vida emocional.*

O mesmo ocorre com a inteligência, com o intelecto em geral. Têm-se esses atributos, mas obviamente não são eles o ser.

A diferença se encontra entre o *Eu* e as suas experiências, realizações e conquistas.

Desidentificar-se das sensações, necessidades de coisas, ambições, lembranças do passado e aspirações para o futuro, é viajar para a autoconsciência, distinguindo-se o que se deseja daquilo que realmente se é.

O *ego* tem desejos, porém, o *Eu* não são os desejos.

Lentamente, vai-se conquistando o corpo, orientando-se os processos das ocorrências emocionais, ficando-se no centro da pura autoconsciência.

Em terapia pela psicossíntese é muito importante a desidentificação, a fim de que o ser realize a sua higiene psicológica, evite impregnações externas e internas, contribuindo para que os indivíduos supercivilizados ou superintelectualizados se encontrem com a realidade do que são, superando a contingência daquilo em que estão.

O estar pode ser afetado por muitos fatores internos e externos da experiência humana, como parkinsonismos, síndromes de pânico, de Alzheimer, degenerescências física e psíquica, ou choques outros traumáticos desestruturadores.

A terapia da desidentificação ou autoidentificação proporciona humildade, respeito pela vida, solidariedade, conduzindo o indivíduo para desenvolver papéis de pais, protetores, filhos, amigos, esposos, executivos, etc., demonstrando que esses são deveres a atender no conjunto social, mas não apenas isso, que são parciais, desde que se é o agente de todas as ocorrências, e não apenas a personagem transitória.

O que se necessita é conseguir uma verdadeira síntese de todas as experiências e papéis desempenhados pela *persona*, e não o surgimento de uma nova personalidade.

A autoidentificação, portanto, é conseguida, partindo-se das sensações para as emoções, para o intelecto, chegando-se ao centro da autoconsciência.

Educação e disciplina da vontade

A vontade é uma função diretamente vinculada ao *Eu profundo*, do qual decorrem as várias expressões do comportamento, que nem sempre o *ego* expressa com o equilíbrio que seria desejável.

Ainda pouco elucidada, tem permanecido em campo neutro de considerações, expressando-se mediante conceitos que se tornaram mecanismos de conduta, gerando, por efeito, mais graves consequências que benefícios. O primeiro deles é a inibição, que se adota mediante a violência ante as suas manifestações, como se o indivíduo estivesse diante de um animal a ser domesticado pela punição e pelo cabresto, impedindo-a de expressar-se. O segundo é o impulso direcionado por meio da força, como se estivesse tratando de uma máquina emperrada, que deve ser acionada sem a contribuição do motor, sofrendo empurrões de braços e músculos vigorosos.

Num, como noutro caso, a vontade se encontra sob injunções perturbadoras, experimentando comportamentos agressivos que não contribuem para a sua fixação, antes a impedem de expressar-se.

Esse fenômeno volitivo encontra-se latente em todos os indivíduos, embora alguns declarem que são destituídos da sua presença. Ocorre que, nem sempre se procede à disciplina e educação do ato de querer conforme deve ser realizado.

Passando por várias fases, a vontade tem que ser orientada, especialmente quando se estabelecem metas a conquistar, que resultam do interesse em torno daquilo que se deseja conseguir.

Inicialmente, torna-se indispensável querer-se exercitar a vontade, em vez de refugiar-se em mecanismos conflitivos-comodistas, por meio dos quais se justifica não se possuir vontade suficiente para serem alcançados os objetivos que se gostaria de atingir.

Sem tentativas repetidas o *embrião* existente da vontade não encontra campo para desenvolver-se. Naqueles em quem o comportamento é cômodo, e se contentam com o que já possuem, mesmo que aparentando anelar por uma mudança de situação, é certo que a vontade permanece-lhe soterrada nos escombros da preguiça mental.

Considerem-se como elementos essenciais para o desenvolvimento do ato volitivo, alguns fatores essenciais, tais como o desejo real de querer, a persistência na execução do programa que seja estabelecido e o objetivo a alcançar.

Toda experiência educacional experimenta transição, em cujo curso, passados os primeiros tentames exitosos, os resultados parecem experimentar retrocesso, o que, naturalmente, produz desânimo. É natural que isso aconteça como efeito da carência de registros vivenciais nos refolhos do *Eu profundo*, não habituado à disciplina, irrefletido e mal condicionado.

Todo ser humano tem um conceito e uma filosofia existencial de natureza pessoal, assim como a respeito do mundo, que lhe constituem normas de comportamento, sem os quais o trânsito psicológico se opera de forma anômala, senão patológica. Assim sendo, o desejo de querer aprimorar-se, aprofundar realizações, atingir estados de harmonia, torna-se valioso para o exercício da vontade. Tome-se como exemplo o interesse para memorizar-se determinado conteúdo literário, profissional, artístico, etc. De início, é imperioso o desejo de adquirir o conhecimento, considerando a sua validade, o seu significado, o quanto pode ser útil, e naturalmente, em face da importância que se lhe atribui, o desejo impõe-se vigoroso.

Essa avaliação é de relevante importância, porquanto significará a tenacidade que se deverá aplicar para consegui-lo.

Estabelecida a significação do que se deseja, o esforço de perseverar torna-se o inevitável próximo passo, porquanto, não serão nos primeiros tentames que se conseguirão os resultados almejados. Provavelmente se repetirão acertos e erros, que em nada alteram o exercício que se fixará como fenômeno de automatização até repetir-se sem qualquer esforço.

O objetivo é de significado essencial – desde que seja alcançável, não se apresentando fora dos limites e da capacidade de conquista –, porquanto a sua qualidade impulsionará o candidato ao encontro do êxito.

O despertar do Espírito

A existência humana é rica de objetivos e metas, que variam conforme o estágio em que cada qual se encontra ou através de vertentes que encaminham para interesses menos significativos, que também são desafiadores. Ocorre que, no cotidiano, um interesse de aparência secundária torna-se essencial para a circunstância, desviando a atenção temporariamente, sem que isso prejudique a meta que se almeja atingir. Esse aparente desvio pode tornar-se de grande valor, em face do êxito no empenho, que contribuirá com mais significativo esforço para a conquista do mediato em programação.

Essa deliberação em não ceder o passo para que seja conseguida a realização é de salutar efeito, tornando-se meio estimulante para novos tentames e contínuos esforços.

Como as metas de uma existência são muito variadas e variáveis, a seleção daquela que deve ser tida como prioritária é relevante, não podendo fugir da realidade do que é ou não realizável, em razão da transitoriedade e da relatividade de tudo quanto é terreno, nunca se podendo possuir de uma vez além do que é factível vivenciar-se, selecionando o que se torna mais significativo quanto oportuno. Nesse passo, desenha-se o caráter da responsabilidade ante o que se almeja e como utilizar sua conquista após adquirida. Tal responsabilidade não pode ser dissociada da faculdade de renunciar a outros valores, o que produz de imediato o medo pela liberdade da escolha, que afeta inevitavelmente o livre-arbítrio.

A pessoa tem que assumir a responsabilidade da sua aspiração, consciente de ser isso que deseja, afirmando-se capaz de enfrentar obstáculos e desafios até consegui-la. Esse treinamento deverá ser repetido, introjetado, de forma que se torne fundamental na busca e edificação da vontade.

Pode iniciar-se em pequenos treinamentos ante as ocorrências do cotidiano, tais a paciência em conjuntura de qualquer natureza, enquanto espera por algo, seja uma refeição ou um atendimento por parte de outra pessoa, uma correspondência ou uma chamada telefônica, um lugar na fila de algum labor ou mesmo em um diálogo, quando outrem mais loquaz não lhe dá chance... Esses pequenos testes de vivência da vontade tornam-se básicos para novos cometimentos mais complexos na área das aspirações emocionais e morais.

Convém ter-se em mente que a finalidade daquilo que se busca não anula as ocorrências e interesses tidos como secundários, da mesma forma que esses não nos devem desviar dos objetivos essenciais que são direcionados ao fundamental.

A vontade ideal será aquela que reúne o dinamismo do querer e a energia positiva encaminhada para aquilo pelo que se anela, em perfeito equilíbrio, sem que uma se sobreponha à outra. Essas forças exteriorizam-se através de impulsos que devem ser canalizados em favor da meta, resultando na conquista da vontade.

Por fim, será conveniente ter-se em mente que o tempo é fator valioso, nunca se deixando de levar avante o intento, por não se haver triunfado nos primeiros momentos.

Do primeiro impulso até a conclusão do exercício e da educação da vontade – e esse mecanismo estará sempre em desenvolvimento, enquanto o indivíduo cresça moral e intelectualmente –, mais firme e natural se tornará, facultando realizações dantes jamais imaginadas.

Desse modo, quando alguém exclama: – *Não posso; não tenho tão grande força de vontade quanto gostaria*, está escusando-se de empenhar-se e trabalhar-se, em atitude de transferência de valores para os outros, que seriam mais bem-dotados, enquanto que a ele teriam sido negados.

Esse labor, por fim, exige do candidato a autoconsciência das suas possibilidades e dos seus sentimentos em relação ao querer. Descobrindo emoções perturbadoras e depressivas, que o levam à autodesvalorização, faz-se imprescindível uma verificação de conteúdos psicológicos, que lhe facultem autocrítica honesta e desejo de superar-se, o que trará benefícios salutares para ele mesmo e para o grupo social no qual se encontra.

Há muitos recursos que podem ser utilizados para esse fim, que são as leituras edificantes, que fortalecem o ânimo; a oração, que eleva o padrão dos sentimentos e propicia vibrações harmônicas e de autoconfiança; a meditação, que harmoniza as emoções; o serviço fraternal direcionado em favor de outrem, que produz resultados estimulantes para a execução do programa no qual se está empenhado.

Esteja-se vigilante para que o trabalho de disciplina e educação da vontade não gere ansiedade, tensão, cansaço, porquanto esses seriam resultados negativos para o projeto que se almeja. Somente através de experiências compensadoras é que se conseguem novos estímulos psicológicos para tentames cada vez mais audaciosos.

A vontade bem direcionada é fator essencial para uma vida emocionalmente saudável e enriquecedora, portanto anelada por todo indivíduo que pensa e luta para ser feliz.

Sublimação da função sexual

O sexo, no ser humano, em razão do seu atavismo de *instinto básico* da evolução, constitui-se um *espinho cravado nas carnes da alma*.

Persistente e responsável pela reprodução animal, desempenha papel fundamental no complexo mente/corpo, tornando-se responsável por incontáveis patologias psicofísicas e desintegração na área da personalidade.

Os estudos cuidadosos de Freud trouxeram ao conhecimento geral os conflitos e torpezas, os tormentos e desaires, as aspirações e construções do belo, do nobre e do bom, como também as tragédias do cotidiano que se encontram enraizadas na área da função sexual, por milênios considerada degradante, corruptora, posteriormente *pecaminosa* e *imunda*, recebendo em todo lugar tratamento cruel e merecendo punições selvagens, por ignorância da energia de que é portadora e do alto significado de que se reveste.

Mais tarde, outros estudiosos seriamente preocupados com o ser humano aprofundaram a sonda da observação na *libido* e ampliaram o campo de conceituações, facultando interpretações valiosas em favor da saúde mental e emocional das criaturas humanas.

As religiões que, no passado, se faziam responsáveis pela orientação filosófica e comportamental das massas e dos indivíduos, mediante austeridade injustificável, decorrente de pessoas sexualmente enfermas, tornaram-se responsáveis pelas castrações e submissões punitivas a que o sexo foi submetido, permitindo-se-lhe a consideração de elemento reprodutor, mas vedando-lhe ou tentando impedir-lhe as expressões de prazer e de compensação hormonal.

É inevitável ter-se em conta que, mesmo se considerando a necessidade da alimentação, que é imprescindível à existência física, o paladar deve propiciar prazer, sem que, com isso, se decomponha o sentido da nutrição orgânica. É do ser animal, como do vegetal, a adaptação aos fatores que lhe propiciem desenvolvimento, que é essencial à vida. Constituído por sensações e emoções, o ser humano frui o prazer de forma diferente dos demais animais, que não têm discernimento racional e cujas vidas são também resultado de condicionamentos.

O prazer, portanto, está associado a toda e qualquer conduta humana, apresentando-se sob variada conceituação ou forma com que seja identificado.

Enquanto no passado a função sexual era propositadamente ignorada ou escondida, na atualidade já não se pode manter o mesmo comportamento ilusório, que oculta a hipocrisia no trato com as questões fundamentais da existência humana.

A denominada *liberação sexual*, demasiadamente difundida, se por um lado fez um grande bem à sociedade, convidando-a à reflexão em torno da sua predominância em a Natureza, que não pode ser negada, por outra forma trouxe também tremendo desafio comportamental ainda não absorvido corretamente no relacionamento entre os indivíduos, gerando crises e perturbações igualmente graves, que têm infelicitado enormemente a maioria dos relacionamentos de toda natureza.

Da submissão escravagista do pretérito, passou-se com rapidez para a liberação irresponsável, que responde por novos tormentos que estiolam muitas vidas e produzem dilacerações profundas no ser.

As velhas conceituações teológicas e pretensiosamente moralistas aturdiram a Humanidade, que se libertou do totalitarismo das imposições religiosas ortodoxas e *saltou* para o prazer desmedido com avidez inimaginável, desorganizando a estrutura emocional do ser, que não estava preparado para os cometimentos da libertinagem.

Esse esforço pela libertação sexual dos absurdos impostos pelas castrações morais e pelo fanatismo religioso, nos tempos modernos encontrou em Rousseau o seu primeiro pensador partidário, quando propôs a doutrina do *retorno à Natureza*, formulando edificantes postulados educacionais – embora ele próprio fosse um pai incapaz de cuidar dos filhos, os quais internou em um orfanato –, abriu perspectivas novas para a comunhão sexual, além da sua função meramente reprodutora. Posteriormente, os seus seguidores e outros pugnaram pelo retorno ao romantismo e aos prazeres hedonistas vividos pelos gregos e romanos do passado ou pela efervescência renascentista, estimulados pelo teatro, mais recentemente também pelo rádio, a televisão e os tormentos de pós-guerras, que atiraram os seres humanos na busca exacerbada do gozo, quando constataram a falência das convicções religiosas e a falácia de muitas das suas teses de conveniência, sem valor real de profundidade.

Com os movimentos *hippie, punk* e tantos outros que invadiram a sociedade, tomando conta, particularmente, das mentes jovens, a *revolução sexual* esqueceu-se de que a função do prazer físico não pode ser dissociada da contribuição do amor, que nele sincroniza as emoções, que são os reflexos psicológicos do conúbio orgânico e a harmonia espiritual de ambos os parceiros.

Merece sejam sempre consideradas no capítulo das relações sexuais as necessidades de caráter psicológico da criatura, e não apenas a busca física para saciá-la biologicamente.

São exatamente os conflitos emocionais – medo, castração, culpa, autopunição –, geradores de insegurança, que exercem fundamental importância no relacionamento dos parceiros. Além disso, a busca de alguém ideal, que possa completar espiritualmente o outro, evitando frustrações do sentimento, transcende o prazer físico puro e simples.

A identidade sincronizada, em face do entendimento e da compreensão afetuosa entre os indivíduos que se buscam, representa poderoso mecanismo que faculta a plenificação que resulta da comunhão sexual.

A satisfação biológica da função, sem o contributo emocional, além de ser profundamente frustrante, produz culpa e desinteresse futuro.

Tentando-se fugir de ambos os conflitos, busca-se insensatamente o álcool e a droga aditiva, que pareceriam estimular e encorajar novos relacionamentos, tornando-os, no entanto, mais dolorosos e perturbadores. Em médio e longo prazo, ambos recursos terminam por prejudicar terrivelmente a função sexual, que também se expressa pela imaginação, que nessa circunstância estará sob injunção angustiante.

Todos os artifícios disponíveis para o intercâmbio sexual compensador cedem lugar aos sentimentos de amor, de camaradagem, de alegria em compartir e repartir emoções, o que evita a extroversão de um sobre a inibição do outro.

O sexo, com a sua finalidade dignificante de facultar a procriação, seja de natureza física, seja artística, cultural, comportamental, também desempenha papel relevante na construção espiritual do ser humano.

As suas energias, que ainda permanecem pouco identificadas, podem e devem ser canalizadas igualmente para fins mais sutis e elevados, enriquecedores da vida, mediante a sublimação e a *transmutação*. Não se trata da interrupção ou da anulação da faculdade de expressar a função sexual, mas de canalizá-la com segurança em direção mais fecunda e criativa na área dos sentimentos e da inteligência.

Freud reconheceu essa necessidade de sublimação do instinto sexual orientado para o bem-estar social, e acrescentamos também o espiritual, da própria criatura assim como da Humanidade.

O ascetismo e o misticismo tentaram sem resultado saudável, com as exceções compreensíveis, esse empreendimento que, de alguma forma, em razão da metodologia castradora deixou marcas mais afligentes que positivas tanto no organismo individual quanto no social. Essas energias sexuais somadas e bem canalizadas ofereceram incomparável contribuição à cultura da sociedade em todos os tempos, reconhece o eminente mestre vienense.

A sublimação ou *transmutação* das energias sexuais pode ser realizada mediante a introspeção, a fixação nos objetivos íntimos acalentados sem violência nem rebeldia pelos impulsos fisiológicos, orientando-os de forma saudável e substituindo-os pelas reflexões em torno do seu aproveitamento na construção dos ideais pelos quais se anela. Todos os místicos buscaram esse *élan* com a Divindade, desde tempos imemoriais, denominando o êxtase como *samadi, bem-aventurança, nirvana, plenitude...* Através dessa experiência profunda, há uma completa conquista psicológica de felicidade.

Certamente, essa sublimação impõe expressivo contingente de renúncia, de vontade de consegui-la e de perseverança na conquista do objetivo. Para alguns, pode ser uma forma de sofrimento, porém, sem masoquismo, porquanto o objetivo não é sofrer, mas libertar-se de qualquer injunção que acarrete padecimento.

Nessa fusão, que é resultado da sublimação, a personalidade desaparece no Ser estrutural, no *Self*, que passa a conduzir o comportamento psicológico sem conflito, unindo as duas polaridades – masculina e feminina – através das quais se expressa o sexo, em uma unidade harmônica.

Essa integração das duas polaridades não impede que se possa manter um exercício saudável da função sexual e, ao mesmo tempo, a sua canalização mística, interior, sem atropelos ou tormentos, que levariam a liberar-se da sua exclusiva finalidade orgânica, ampliando-a, desse modo, de forma expressiva na sua capacidade criativa. Pode, portanto, apresentar-se entre aqueles que superem a função sexual – não a exercendo – e aqueloutros que, embora vivenciando-a, também elegem a sublimação, experimentando momentos de alta identificação com a Divindade.

No aspecto do autodescobrimento, o indivíduo desenvolve a vida interior que requer as energias do sexo como sustentáculo vigoroso para os empreendimentos emocionais e espirituais a que se afervora.

Além desse aspecto e vivência interior da sublimação, existe outro método para ser percorrido, qual seja o da substituição do prazer sexual por outras expressões de gozo e de alegria, nas quais os sentidos físicos se relaxam e se renovam, e se apresentam desde as coisas mais simples até as mais complexas e elevadas, mediante a contemplação da Natureza na sua grandiosa simplicidade e grandeza até as mais altas manifestações da arte e da cultura... Também se pode incluir nesse desempenho o aumento do círculo da afetividade, no qual o intercâmbio emocional, estético e fraternal, derivado do amor, proporciona renovação de entusiasmo e de estímulos para a continuação da experiência evolutiva, emulando para a perfeita identificação com o seu próximo e o grupo social com o qual se encontra envolvido. Noutro aspecto, o empenho em entregar-se às criações da cultura, da Ciência, da arte, da Religião, dos objetivos sociais e de solidariedade, consegue contribuir com eficiência para o êxito do programa da sublimação.

Essa necessidade de sublimar e transubstanciar as energias sexuais, pode igualmente ser considerada como terapia preventiva, considerando-se as ocorrências de enfermidades impeditivas do exercício da função sexual, o envelhecimento, o equilíbrio existencial, que inevitavelmente ocorrem no percurso da existência física, podendo então ser transferidas para expressões de outros níveis além do físico, proporcionando outros tipos de prazer, quais o emocional, o espiritual, o humanitário.

Quando o indivíduo se dedica à sublimação e transubstanciação das energias sexuais, o seu amor se amplia, irradiando-se sem pressão ou constrangimento sobre as demais pessoas, que o sentem experimentando agradável sensação de bem-estar e enriquecendo-se de júbilo ante o seu contato. Com essa conquista, experimenta-se incomparável alegria de viver, tornando a existência um verdadeiro hino de louvor às Fontes Inexauríveis da Criação, de onde tudo e todos procedem.

Observa-se, nesse contexto, que os santos e missionários do amor em todos os campos do conhecimento, a fim de realizarem as tarefas que se impuseram ou às quais ainda se propõem, normalmente exaustivas e desgastantes, são tomados, invariavelmente, de grande compaixão pelas demais criaturas vegetais, animais e humanas.

Jesus, como exemplo máximo, sempre que atendia as multidões, socorria-as com infinita compaixão pelas suas necessidades, suas aflições, suas lutas... e repletava-as de paz e alegria. Quem mantivesse com Ele qualquer tipo de contato transformava-se, porque o Seu irradiante amor como luz não ofuscante penetrava-lhe os escaninhos mais secretos e sombrios, alterando-lhe as estruturas.

A energia sexual, pela sua constituição íntima, é criativa, não apenas das formas físicas, mas principalmente das expressões da beleza, da cultura e da arte. À medida que é expandida, mais sublime se torna, quando direcionada pelo amor; mesmo que, na sua primeira fase, tenha conotação carnal, vai-se depurando e sublimando até adquirir um sentido de liberdade, de autorrealização, facultando ao ser amado a felicidade, mesmo que seja compartida com outra pessoa.

Nesse cometimento, portanto, de sublimação e transmutação das energias sexuais, o cuidado a ser mantido diz respeito à superação de qualquer sentimento de culpa ou de condenação aos impulsos orgânicos, a fim de que seja evitada a inibição, tornando-se uma repressão inconsciente, fator de graves perturbações nos propósitos estabelecidos.

O que se deseja, nesse grande desafio de plenificação, é a utilização correta das *energias da alma*, que vertem através do corpo e se encarregam de manter-lhe o equilíbrio.

Em outros casos de abuso das forças genésicas, pelo transbordar da função sexual, a própria Natureza *cobra* o imposto do mau uso, perturbando-a, frustrando-lhe o prazer ou talando-a psicologicamente, o que conduz a transtornos psicopatológicos de lamentável curso.

5
Experiências transpessoais

Doenças psicossomáticas • Instabilidade emocional
• Superconsciente

> *A energia curativa natural que existe em cada um de nós é o principal fator de recuperação.*
>
> Hipócrates

O ser humano é, na sua essência, eminentemente transpessoal.

Realidade extrafísica, habita o campo da energia, na condição de *princípio inteligente do Universo,* onde se origina pela vontade da *Causa Primeira de todas as coisas,* que transcende à capacidade atual de entendimento conforme o grau de percepção que caracteriza a Ciência contemporânea.

Chispa divina em forma de psiquismo inicial, possui todas as potencialidades imagináveis, que o tempo e as experiências fazem desabrochar através de sucessivas existências na forma orgânica, desde as mais simples, nas quais exterioriza sensibilidade, sistema nervoso embrionário, para adquirir instintos, inteligência e razão, seguindo no rumo da autossuperação, quando a vitória sobre o *ego* facultar-lhe atingir a aspiração angélica.

Semelhante à semente que preserva todas as características da futura forma com o seu potencial de manifestações: germinação e plântula, caule, folhagem, ramos, flores e frutos, apenas surjam oportunidades propiciatórias ao seu desenvolvimento, tem a destinação indesviável de autorrealizar-se. Essa conquista, porém, somente ocorre através da inteligência, que lhe é o atributo mais elevado, assim conseguindo a plenitude, *o Reino dos Céus,* a superação do sofrimento e do mal que nele reside, isto é, da ignorância do fatalismo do bem, experienciando inúmeros fenômenos psíquicos, psicológicos, orgânicos que procedem das suas opções.

A princípio, submetido ao automatismo da evolução nas formas primárias pelas quais transita em inconsciência, *dormem* os valores que lhe são próprios, a fim de lentamente *despertar* para a consciência do Si, quando o discernimento se encarrega de propiciar-lhe direcionamento aos passos, atraído pelo *Deotropismo* para o qual ascende.

Seu imemorial trânsito pelos mecanismos inconscientes das jornadas nas faixas iniciais do desenvolvimento, nele insculpe forças poderosas que o conduzem e impulsionam a agir sem lucidez, mantendo-o mergulhado na sombra do atavismo primário, que a luz da razão conseguirá libertar a duras penas.

Atraído pela felicidade, de que somente possui lampejos nas expressões menos lúcidas, rompe a couraça na qual se encontra aprisionado, descobrindo os horizontes infinitos de beleza, que o fascinam e contribuem para que se desalgeme da *caverna* onde se acolhe.

As suas aspirações iniciais são tíbias, as paisagens mentais são povoadas de sonhos e impulsos que dão origem aos futuros mitos que terá de *digerir* e superar, a fim de tornar-se o *Self* dominante, ao invés de *ego* dominador.

Nesse período surgem os conceitos a respeito das expressões duais: o bem e o mal, a luz e a sombra, *Ormudz* e *Arimã* (do *Mazdeísmo*), o *anjo* e o *demônio (da Bíblia)*, os conceitos corretos sobre a saúde e a enfermidade, que exercerão preponderância em seu comportamento, encarregado de proporcionar-lhe alegria ou tristeza, ventura ou desar conforme se aplique essa faculdade de discernimento para a ação.

Nos refolhos desse psiquismo se estruturam os delicados e sutis instrumentos responsáveis pelos fenômenos psicológicos de vital importância para a sua autorrealização.

Partindo do ser psíquico, todas as forças que se transformam em aspirações condensam-se no campo das sutilezas emocionais, estabelecendo padrões de conduta, para se consubstanciarem nos fenômenos das formas. É através dessas necessidades básicas para a subsistência – nutrição, repouso e reprodução – que surgirão em pródromos desde a fase vegetal, quando desponta o sistema nervoso embrionário, que faculta a absorção clorofiliana para, em seguida, no animal, adquirir o instinto de conservação da vida, sempre avançando no rumo da fatalidade a que está destinado: a plenitude!

Transitando por centenas de milhares de anos em automatismos inconscientes, esse psiquismo pareceria disposto a permanecer nesses impulsos, quando inesperadamente nele surgem as primeiras expressões de inteligência que o conscientizam dos novos recursos que se lhe encontram à disposição para o autocrescimento.

É compreensível, portanto, que o inconsciente continue predominando no ser até quando seja ultrapassado pela consciência, cuja culminância será no após a aquisição da autoconsciência.

Esses *instintos básicos* permanecerão, entretanto, conduzindo o ser, impondo-se e gerando mecanismos de sobrevivência, que a *consciência lúcida* – consciência desperta – irá encarregar-se de transformar por necessidades éticas, estéticas, de saúde, de bem-estar.

Doenças psicossomáticas

> *Somos o que pensamos. Tudo o que somos vem dos nossos pensamentos. Com nossos pensamentos fazemos o mundo.*
> Buda

À medida que se vão firmando no ser os valores da predominância psíquica sobre os automatismos físicos, as heranças daqueles, como é natural, permanecem adormecidas no inconsciente, do qual emergem com frequência, direcionando o comportamento, orientando as decisões, fixando mais ainda os hábitos ancestrais de que se desejaria libertar.

Essa resistência psicológica às experiências novas responde por diversos conflitos que obstam o crescimento interior e o amadurecimento emocional, impondo condutas que não são compatíveis com o período da razão, correspondendo às experiências anteriores.

Insegurança, complexos de inferioridade como de superioridade, narcisismo, alcançam o ser racional como atavismos da fase em que a força dirimia as situações de litígio impondo a dominação.

Foi, não obstante, a razão que venceu os animais de maior porte, portanto, aqueles que dominavam o orbe terrestre e, diante dos quais, o ser humano apresentava-se frágil, destituído de possibilidades de sobrevivência e de recursos para conseguir qualquer vitória nas lutas desiguais.

A astúcia animal, que também nele se expressa em forma de *instinto de conservação da vida*, foi superada pela inteligência, que logo sobressaiu, equipando-o de instrumentos hábeis para aplicação das energias e conquistas que o tornaram superior na escala zoológica, facultando-lhe o triunfo sobre as vicissitudes ambientais e evolutivas.

Permanecem ainda, sem dúvida, essas heranças que, de alguma forma, o atam ao pretérito do qual procede, tornando-o, não poucas vezes, seu dependente.

Assim, o ser humano reage ante tudo aquilo que o desagrada ou confunde, aflige ou perturba, deixando que se exteriorizem as energias primárias momentaneamente contidas pela educação, pela timidez e interesses imediatistas, quando deveria agir com discernimento, sem agressividade nem desejo de predomínio.

Mediante as sucessivas reencarnações são transferidas as experiências de uma para outra etapa, fixando-se no perispírito ou *corpo intermediário*, que por automatismo propelem aos transtornos, quando são afligentes, ou à paz, ao equilíbrio para decidir, se portadoras de aprendizagens superiores.

Nesse abismo de impressões que a consciência não consegue facilmente assimilar, os conflitos preponderam mesclando-se com as aspirações não amadurecidas, que se refletem no corpo somático, veículo mais denso das energias espirituais, que o elaboram conforme as necessidades impressas nesse *modelo organizador biológico.*

O binômio saúde/doença naturalmente se deriva das ações anteriores praticadas pelo Espírito, sempre herdeiro de si mesmo no processo de aquisição de novas experiências transpessoais e libertadoras.

Não há como dissociar-se o Si profundo do corpo físico, tendo-se em vista que é o gerador das moléculas constitutivas das células, que são organizadas dentro dos modelos de que necessita para o autocrescimento.

Porque as suas conquistas permanecem na área do instinto, predominam o ressentimento, o desconforto moral, a insegurança – que se expressa em forma de medo, ciúme, agressividade – a angústia, a cólera, a impetuosidade irrefreada, os desejos sensuais descontrolados, que estimulam a produção de toxinas que terminam por produzir distúrbios orgânicos de largo porte.

A mente é geradora de energias compatíveis com o tipo de aspiração que acalenta, movimentando-as através da corrente sanguínea que vitaliza e mantém o corpo físico. Nesse mesmo conduto as *micropartículas* constitutivas do *perispírito* conduzem as vibrações que irão produzir nas células reações correspondentes ao tipo de onda mental que seja distribuída pelo organismo e procedente do Espírito.

O fluxo constante, portanto, de pensamentos e aspirações, carregado de energia saudável ou enfermiça, irá contribuir poderosamente para a estabilidade ou desajuste das estruturas celulares, abrindo espaço para a instalação e conservação da saúde ou para o surgimento e proliferação de infecções, de disfunções variadas, de alterações do metabolismo, de mal ou bem-estar.

As enfermidades psicossomáticas são geradas na consciência espiritual – a sede mental do ser eterno – geradora dos recursos indispensáveis ao crescimento emocional e intelectual, ao desenvolvimento dos tesouros ético-morais, onde está *escrita a Lei de Deus.*

A vigilância contínua em torno dos pensamentos que são elaborados e das aspirações acalentadas é de alta significação para uma existência física harmônica.

Quando isso não ocorre, os transtornos surgem e se instalam sob anuência do primarismo psicológico do ser, que prefere manter-se em circuito de infelicidade – provocando compaixão, quando poderia inspirar amor –, de revolta insensata – pelas frustrações de que se faz instrumento –, de ciúme e raiva – pela insegurança em relação a si mesmo –, de agressividade – por encontrar-se indisposto interiormente, avassalado pela *culpa,* que não deseja assumir –, pelo primarismo emocional – que transfere a responsabilidade de todo mal para os outros...

A incidência e reincidência dessa conduta nos tecidos sutis do pensamento influenciam a produção de enzimas e de toxinas cerebrais que o irão enfermar, gerando alergias, disfunções hepáticas e gastrointestinais, arritmia cardíaca, entre outras, descompensando o complexo físico.

O oposto também ocorre, quando determinadas patologias orgânicas afetam o comportamento psicológico, dando origem a desvios da personalidade, a transtornos emocionais, e mesmo a distúrbios psiquiátricos...

O bem, que equivale ao correto, ao edificante, ao nobre e elevado, estimula os campos energéticos do Espírito, que se robustece e exterioriza essa força aglutinadora de moléculas através do *perispírito,* pelos sistemas nervoso central e endocrínico, sustentando os componentes do imunológico, que se transformam em respostas de saúde e de paz.

No sentido inverso, quando o mal, que corresponde às expressões de ira e revolta, de pessimismo e de mágoa, de violência e equivalentes, impõe-se, os choques emocionais produzem descargas de adrenalina e outras substâncias que alteram a circulação do sangue, sobrecarregam os *tecidos sutis do perispírito*, agredindo as matrizes responsáveis pela renovação celular, assim instalando enfermidades ou desenvolvendo as que já se encontram em embrião.

A mudança de campo vibratório no sistema imunológico perturba a *consciência individual* das células, que perdem a energia de sustentação, tornando-as fáceis vítimas das infecções de variada natureza.

Ao equilíbrio psicofísico se contrapõe o de natureza fisiopsíquico, de forma que em ambas as esferas de manifestação deve predominar a harmonia, que somente é possível quando se cultivam ideias propiciadoras de esperança, de conforto moral e de satisfação pela existência humana.

Qualquer terapia que objetive a recuperação psicossomática há de fundamentar-se na alegria de viver, na busca da autoconsciência, no esforço para ajustar-se aos dispositivos existenciais, sem querelas ambiciosas e desnecessárias, nem anseios voluptuosos de prazeres que logo se consomem.

A medida da saúde psicológica do ser humano encontra-se na morigeração da sua conduta, efeito natural do seu comportamento mental/ideológico. Conforme pensa, vive, estruturando, momento a momento, o que se tornará de acordo com o direcionamento mental.

Assim pensando, cientistas modernos, da área avançada da Física Quântica, entenderam por concluir que a antiga dualidade Espírito/matéria deveria ser sintetizada na unidade, a que denominaram como *Somassignificação*, através de cuja integração os correspondentes mentais se instalariam no corpo e as condutas orgânicas se refletiriam no psiquismo, no ser psicológico. Embora a tese se apresente lógica e bem fundamentada, faltou-lhes, naturalmente, a compreensão do *élan* perispiritual, que é o conduto vibratório para o trânsito e transformação de uma em outra energia, de um noutro componente.

Definindo o campo límbico-hipotalâmico como *sede* de união entre o corpo e o Espírito, em face do expressivo volume de peptídeos, que nessa área seria específica para eles, embora se encontrem em outros setores do organismo, particularmente no estômago e no intestino, no cérebro, conforme definido, estariam os circuitos de ligação entre os dois polos: o material e o espiritual.

De alguma forma, e quase exatamente, concluíram com acerto, tendo-se em vista a localização do *centro coronário*, que é a área da inspiração divina do *Self*, o incomparável campo de recursos inexauríveis a conquistar que é o superconsciente.

Tenha-se em mente a valiosíssima contribuição da hodierna proposta sintetizada em favor da saúde, no conceito da *psiconeuro-endócrino-imunologia*, que sugere a sintetização dos três sistemas – nervoso central, endócrino e imunológico – em apenas um, que é básico e indivisível.

Trata-se, sem dúvida, de um retorno sábio à realidade do ser espiritual de onde procedem todos os conteúdos que lhe constituem o corpo e suas delicadas engrenagens.

Mediante a visão de um ser humano unitário, porém constituído de elementos que se completam, o ser psicológico torna mais factível uma existência feliz, gerando uma organização física saudável, como decorrência de um psiquismo bem orientado, por proceder do Espírito e não dos fenômenos eletroquímicos do fatalismo biológico, muito do agrado do materialismo mecanicista.

A criatura humana tridimensional – Espírito, perispírito e matéria – atende confortavelmente às necessidades do processo da evolução, contribuindo decisivamente para o equacionamento de inúmeros problemas decorrentes da visão unicista, reducionista do ser, da preponderância da libido na sua conduta, dos fatores hereditários e mesológicos, educacionais e comportamentais do cotidiano.

O Espírito, pois, e consequentemente, é o autor de todas as ocorrências no que diz respeito aos intrincados processos mantenedores da vida orgânica nos seus variados departamentos, mantendo vida dentro e fora do cérebro, submetido, quando encarnado; e livre, quando deslindado dos fluidos mais densos da matéria.

Superando as exíguas limitações do organismo, os fenômenos da telepatia, da clarividência, da pré e da retrocognição, da psicofonia, da psicografia e outros tantos contribuem, na área das experiências transpessoais, para diluir as fronteiras mais escuras e densas que separam os campos espirituais do físico, facultando o trânsito entre as duas esferas da vida, de forma a proporcionar saúde integral, na razão direta em que os vícios são superados, os instintos primários são transformados em experiências emocionais e os condicionamentos ancestrais cedem passo a novas conquistas espirituais.

Neste capítulo, não podem ser olvidadas as enfermidades psicossomáticas, de procedência extrafísica, resultado do conúbio pernicioso das mentes desencarnadas com os indivíduos físicos, que se lhes vinculam por vigorosos laços de condutas infelizes pregressas, associados em crimes e torpezas que os tornaram adversários não pacificados.

Campeiam, desse modo, os conúbios obsessivos, devastadores, através dos quais a incidência prolongada da irradiação mental do perseguidor ou *parasita psíquico* sobre sua vítima sobrecarrega os canais responsáveis pela condução das ondas do pensamento e espraiam pelo campo perispiritual das suas vítimas a vibração deletéria, que se torna assimilada, transformando-se em morbo devastador.

Uma psicossíntese cuidadosa, utilizando-se da visualização da personagem agressiva e envolvendo-a em clima de amor e de paz, de cordialidade e entendimento, faz que se afrouxem os *plugs* que se fixam às *tomadas* da consciência de culpa nas zonas perispirituais, proporcionando bem-estar, recuperação.

De outra forma, a técnica da visualização pessoal ante o distúrbio psicossomático convencional, propiciando ao paciente projetar-se a um futuro saudável, enriquecido de equilíbrio, através da fixação de ideias salutares, da alteração de conduta viciosa, terminará por auxiliá-lo na recuperação da saúde e da paz.

A irradiação psíquica de energia equilibrada, que vibre em consonância com as necessidades dos *sensores* nervosos, conduzirá vibrações harmônicas que manterão a interação mente/corpo em perfeita ordem. Como decorrência dessa conduta, haverá um fluxo de alegria em forma de corrente vibratória que percorrerá o corpo em todas as direções, alcançando os setores mais delicados da organização física, assim como os *tecidos sutis* do equipamento perispiritual, que insculpirão na forma física os conteúdos absorvidos.

O oposto, mesmo que inconsciente, é fenômeno habitual na conduta dos pacientes em desequilíbrio, gerando perturbações psicossomáticas graças às ideações perniciosas pela sua qualidade inferior, detendo-se no primarismo das paixões agressivas, alterando o comportamento e a comunicação dos sentimentos e fixação dos pensamentos mórbidos.

A existência física é estruturada para facultar o desenvolvimento intelecto-moral do Espírito mediante a ampliação das experiências de autoiluminação.

A contribuição do terapeuta nesse embate é imprescindível, a fim de proporcionar renovação interior ao paciente, mudança de hábitos mentais e comportamentais, auxiliando-o na construção de uma nova existência, na qual não haverá lugar para as viciosas elaborações mentais perturbadoras, muito do agrado convencional.

Trata-se de todo um esforço terapêutico de longo curso, mas de permanente resultado, porquanto os novos hábitos adquiridos se responsabilizarão pela eficiência da saúde e seu prolongamento, abrindo novos espaços emocionais para mais belas e felizes aspirações.

A busca do bem – tudo aquilo que edifica e harmoniza – constituirá sempre fator de saúde na luta contra os distúrbios psicossomáticos, assim como aqueloutros de qualquer natureza.

Enquanto o mal perdura – que pode ser considerado como o bem ausente –, somente perturba, diluindo os fatores da alegria e do bem-estar, tem de ceder lugar à construção do ser novo, que é um processo semelhante àquele através do qual o escultor arranca da pedra bruta a estátua encantadora, do lótus que emerge do lodo para exaltar a vida, alvinitente e triunfador.

Instabilidade emocional

Os vícios mentais e as fixações danosas, que procedem das existências espirituais anteriores, se integram de tal forma no *Eu profundo* que se manifestam com frequência nas novas incursões reencarnatórias de forma perturbadora, com síndromes variadas de desajustes emocionais, psiquiátricos e orgânicos.

Agindo sempre e potencializando-se, o psiquismo inicial permanece como fulcro gerador de energias, tornando-se cocriador constante.

À emissão da onda mental, que se converte em pensamento, palavra e ação, dá surgimento a edificações correspondentes, como é perfeitamente compreensível.

As atitudes infelizes, particularmente aquelas que agrediram o patrimônio da vida nas suas múltiplas apresentações, por excelência na área da realidade moral e profunda dos demais indivíduos, inevitavelmente produzem lesões degenerativas nos tecidos sutis do perispírito, que se desorganiza molecularmente, perdendo momentaneamente a harmonia de conjunto.

Essa desarticulação somente se recomporá quando o Eu consciente houver-se *perdoado* do incidente, mediante reparação dos danos causados e dos sentimentos feridos. Percebendo-se em *culpa*, fica sujeito às consequências do ato nocivo que lhe está inscrito na memória, e se transforma em instabilidade emocional, insegurança comportamental, temor de ser reconhecido e desmascarado.

As suas oscilações de humor, por efeito, são muito variadas, atormentando-o, deprimindo-o ou tornando-o revel, indisposto, agressivo.

Quando se encontra sob apoio psicológico, compreensão fraternal, amainam-se-lhe os conflitos que, não obstante, voltam a irromper diante de qualquer incidente válido ou não, desencadeando tempestades emocionais que terminam por afetar a conduta.

Utilizando-se dos fatores hereditários, esses conflitos íntimos são impressos nos códigos genéticos, quando do processo reencarnatório, a fim de que se expressem nos recessos do ser, produzindo distonias emocionais correspondentes aos gravames praticados.

Cada indivíduo é portador da herança dos próprios atos, que passam a constituir-lhe o patrimônio da evolução permanente. Se erra, recomeça a experiência; quando acerta e se desincumbe a contento do compromisso, incorpora-o ao patrimônio já conquistado.

Ninguém ascende a uma cumeada sem passar pelas baixadas e conquistá-las conforme se apresentem as possibilidades de ascensão.

A mente é, portanto, muito susceptível de estabelecer as diretrizes de segurança para o melhor comportamento do indivíduo. Exteriorizando-se em campos vibratórios muito especiais, é permanente gerador de energias que têm por finalidade preservar o Eu integral e conduzi-lo através de todas as etapas do processo de agigantamento próprio.

Enquanto não seja realizada essa *reparação* do mal praticado, o *inconsciente* imporá mecanismo psicológico punitivo, exigindo a harmonia das correntes vibratórias que harmonizam o perispírito.

Necessariamente não se faz único recurso reequilibrante o sofrimento do responsável pelos danos causados, mas a correta emissão de pensamentos salutares em favor de si mesmo e benefícios de qualquer natureza aos demais membros da comunidade humana, por específico, àquele a quem malsinou ou feriu.

Essa conduta autoterapêutica produz a reabilitação moral do equivocado, abrindo-lhe espaços à liberdade de movimento e de ação não conflitiva.

Enquanto não ocorra esse fenômeno de liberação ou amortização da dívida moral, a distonia permanecerá cobrando equilíbrio emocional.

Nem sempre o paciente detecta o fator desagregador do conflito, tendo necessidade de ajuda especializada, que o irá conscientizar da necessidade de conceder-se o direito de errar, mas também o dever de recuperar-se; de vencer a instabilidade emocional através da renovação de ideias e de superação das heranças próximas retratadas na presença da mãe superprotetora ou castradora, do pai negligente ou agressivo, que se tornaram fatores psicossociais de relacionamento para a instalação do transtorno.

Famílias que assim se comportam em relação aos descendentes frágeis, que devem fortalecer pelos recursos do amor e da educação, encontram-se dentro dos padrões reencarnacionistas, que facultam o retorno dos Espíritos comprometidos entre si no mesmo clã, a fim de que se reajustem, o que nem sempre é conseguido, tornando-se necessárias imposições mais enérgicas da Lei Soberana da Vida.

Essa instabilidade emocional na consciência atual é controlada pelo *superego* com as suas imposições autoritárias, do *faça* ou *não faça*, permitindo-se o atributo de ser o juiz que pune quando desobedecido, representando o pai tirano interiorizado...

A terapia de autossegurança e equilíbrio deverá trabalhar a autoconfiança do paciente, que assume a responsabilidade dos atos executados, mesmo aqueles de que não se recorda, tendo em vista que muitos procedem da atual existência também, recuperando a própria capacidade de expressão, de escolha, de conduta, de atitude perante a vida sem a vigilância prejudicial dos fatores limitativos do *superego*, da *consciência de culpa*.

O anelo pela alegria e a sua consequente busca deve constituir motivação para o paciente libertar-se da instabilidade emocional, não desistindo do plano de saúde psicológica.

Labor de demorado curso, o início da programação é quase sempre interrompido pela *falta de forças* de quem o tenta.

Acostumado à comodidade de ser infeliz por eleição própria, a revolução terapêutica constitui-lhe um grave esforço a que se gostaria de poupar, transferindo, se pudesse, para outrem realizá-lo, enquanto fruiria o benefício, pensamento esse ilógico, portanto, fruto do desvio da razão.

Mediante um programa de pequenos ajustamentos e deveres simples de serem realizados, deve começar o procedimento terapêutico, estimulado pelos bons resultados de cada resolução levada adiante e consumada, gerando mais vitalidade e coragem para os tentames mais audaciosos, que redundarão na autoconfiança para a existência saudável.

Essas pessoas instáveis emocionalmente perderam o rumo da alegria, em razão de haverem sido anuladas nos objetivos elevados que tentaram acalentar, por efeito do conflito profundo, das agressões dos pais, dos abusos sofridos na infância, das conjunturas aparentemente adversas sob as quais renasceram.

Entre os complexos mecanismos psicológicos da instabilidade emocional está embutido o medo sob disfarce cuidadoso. *Medo* dos pais representados pelos chefes ou patrões, consortes ou autoridades, ou quaisquer outros indivíduos que se apresentem ativos, espontâneos, triunfadores... A criança amedrontada – cuja consciência de erro persiste desde a ação nefanda que acompanha o Espírito – o projeta à volta da hedionda figura do responsável pelo seu sofrimento em tudo e todos que defronta.

Nessa luta, o *ego* cede lugar ao *superego* para controle da situação, empurrando o ser para a indecisão, para a instabilidade. Aquilo que ora lhe era agradável, acenando-lhe bem-estar, futuro promissor, nos momentos seguintes altera-se completamente no seu quadro de valores emocionais.

A maturidade psicológica é um processo de experiências felizes e ingratas que estabelece quais aquelas que devem constituir o mapeamento de interesses reais para que o indivíduo se sinta pleno, mesmo quando as condições e circunstâncias não se lhe apresentam como ideais. O ser maduro confia e trabalha para alcançar as metas que estabelece como necessárias para o seu bem-estar. Investe num momento, confiando nos resultados posteriores. Sabe que todo empreendimento exige tempo e oportunidade. Emocionalmente estável, não se exalta ante o sucesso, nem se deprime diante do fracasso, que converte em lição de sabedoria para futuros cometimentos.

Ainda como fator psicossocial da instabilidade emocional, pode-se considerar o conceito sobre os sentimentos humanos, que são divididos em *bons e ruins*. Eles, portanto, existem no cerne de todos. A questão é que sendo a sociedade constituída por pessoas, a exteriorização de um como de outro sentimento qualifica quem o faz, gerando restrições à sua conduta, por estabelecer que somente os *bons* devem ser exteriorizados, o que se transforma em uma limitação social, passível de punição.

Condenar-se um sentimento, porque socialmente encontra-se definido como mal, é tornar o comportamento mais restritivo e superficial. É certo que não se podem liberar sentimentos agressivos, prejudiciais aos outros – por sua vez perniciosos àquele que os possui –, mas orientá-los sob o controle dos pensamentos antes que se transformem em sentimentos quando atingem a *superfície do corpo*, na condição de fenômeno reagente.

A autoconsciência conduz o indivíduo à compreensão de como deve agir dentro dos códigos sociais, de ética, de inter-relacionamento pessoal, estruturando-lhe a estabilidade. Essa conquista se expressa na graciosidade dos movimentos, na conduta jovial e enriquecedora de alegria, no intercâmbio fraternal de considerável rendimento emocional.

Liberar, portanto, o *inconsciente* da *culpa*, mediante uma nova compreensão da existência humana pautada no autorrespeito e na consideração por todas as coisas, é a terapia mais imediata, e que se encontra ao alcance de quem realmente deseja estabilidade emocional, felicidade.

Superconsciente

Todas as aspirações do ser humano, seu futuro, suas conquistas a serem realizadas, o seu *céu*, encontram-se insculpidos no superconsciente, mesmo que adormecidas, em estado de inconsciência.

Área nobre do ser é o fulcro da inspiração divina, onde se estabelecem os paradigmas orientadores do processo da evolução.

Sede física da alma reencarnada, responde pelos sutis processos da transformação dos instintos em inteligência, e dessa em angelitude, passo que será conquistado mediante esforço pessoal e intuição espiritual dos objetivos mais significativos do transcurso existencial pelo corpo físico.

O superconsciente é também conhecido como *Inconsciente superior*, de onde dimanam as funções parapsíquicas superiores assim como as energias espirituais.

Equipado com *chips* ultrassensíveis, aí se encontram os tesouros da vida transpessoal, na qual o trânsito entre as esferas orgânica e psíquica se faz mais livre e amplamente.

A fim de poder manifestar o colossal tesouro de energias que detecta, o organismo reveste-o de células, favorecendo a intercomunicação dos dois campos nos quais se movimenta o Espírito: o material e o espiritual.

Irradiando-se do *chakra coronário* por sucessivas emissões de ondas-pensamento, através dos exercícios de concentração, meditação e prece, desenvolve-se, abrindo os registros para a captação de outras mentes que se lhe cruzam no Mundo extracorpóreo. Favorecendo a paranormalidade humana, o superconsciente é o núcleo onde têm lugar os fenômenos mediúnicos, por facultar a decodificação da mente que se lhe direciona, assim transformando-a em palavras, projeções ideoplásticas, manifestações artísticas, culturais, materiais.

Laboratório vivo do Espírito, que no seu campo imprime as necessidades futuras, quanto no inconsciente guarda as memórias de todos os atos transatos, seu potencial é ainda muito desconhecido, merecendo que nele se aprofundem as sondas da investigação, a fim de melhor e com sábia maneira poder utilizá-lo com proficiência.

Tendo na epífise ou pineal o veículo para as manifestações psíquicas superiores, mediante exercícios mentais e morais amplia a capacidade de registro do *Mundo ultrassensível*, que se exterioriza através dos equipamentos de alta potência energética de que se constitui.

Por outro lado, é o celeiro do futuro do ser, por estar em ligação com o Psiquismo Cósmico, do qual recebe forças específicas para o desenvolvimento intelecto-moral, da afetividade, das expressões sexuais encarregadas da perpetuação da espécie, do equilíbrio da hereditariedade, de outros fenômenos que afetarão o comportamento psicológico.

À medida que o ser se conscientiza do potencial elevado que lhe dorme em germe no superconsciente, mais pode utilizá-lo a serviço da vida, crescendo no rumo da identificação com Deus.

Redes de fibras nervosas muito delicadas conduzem as energias que se exteriorizam da pineal e se expandem por todo o cérebro, facultando que ocorram os fenômenos espirituais. Essas energias irrigam de vitalidade as demais glândulas endócrinas, estabelecendo circuitos especializados, que beneficiam o organismo em geral.

Intuição, inspiração superior, psicofonia, psicografia traduzem a plena sintonia entre os Espíritos e os homens, como resultado da identificação entre o seu superconsciente e as mentes desvestidas de matéria.

De forma análoga, irradiações de teor pestífero e perturbador, procedentes de fontes mentais degeneradas, sincronizam com o inconsciente inferior dos indivíduos, no qual estão gravadas as experiências inditosas que geraram vítimas, ora alucinadas, que retornam para provocar reabilitação e reajustamento, fazendo-o psiquicamente, por meio de fixações mentais saturadas de ódios e ressentimentos que produzem patologias obsessivas de variada espécie.

Uma vida mental e moral saudável, assinalada por hábitos edificantes, amplia a capacidade do superconsciente ou *Self*, para que os laboratórios celulares produzam irradiações específicas portadoras de equilíbrio e paz.

O cultivo de um campo com carinho e sementes selecionadas responde com farta colheita de flores e sazonados frutos, enquanto que deixado ao abandono ou ao descaso, restitui a indiferença com que é tratado através de cardos e abrolhos, ou aridez e morte...

O cérebro é central de força que, somente a pouco e pouco vem sendo descoberto, jazendo ignorado na sua quase totalidade, em especial no que diz respeito aos fenômenos psicológicos, parapsíquicos e mediúnicos.

Somente a epífise ou pineal, situada no cérebro por cima e atrás das camadas ópticas, constitui, por si mesma, um incomparável santuário, que *vela* as funções sexuais durante a infância, e, na puberdade, experimenta significativas alterações na forma e na função; torna-se, a partir daí, um escrínio de luz, um *lótus de mil pétalas* que se abrem como antenas ultrassensíveis em direção das Esferas espirituais de onde procede a vida, desempenhando papel fundamental nas experiências espirituais do ser humano.

É natural, portanto, que o superconsciente seja um enigma a ser decifrado, por significar na sua essência o fulcro de ligação mais eloquente do Espírito com o corpo, mantendo a programação das futuras conquistas que devem ser conseguidas ao ritmo da alegria e da saúde.

6
Encontro com a harmonia

Conflitos do cotidiano • O ser humano perante si mesmo • Libertação do *ego*

A infância é caracterizada por duas qualidades especiais, que são a inocência e a liberdade.
Embora o Espírito, em si mesmo, tenha experienciado muitas existências corporais, o estado de infância é de aquisição de conhecimentos, de superação de conflitos antigos, de preparação para o esquecimento.

Nessa fase, em que o processo da reencarnação se faz em maior profundidade, muitas lembranças pairam nebulosas na área do inconsciente, que lentamente se vão apagando, a fim de facultar a aquisição de novos e valiosos recursos para o autocrescimento moral e intelectual.

No período infantil, por isso mesmo, instalam-se os pródromos dos futuros conflitos que aturdem a criatura humana nas diferentes etapas de desenvolvimento psicológico, se a verdadeira afetividade e respeito pelo ser em formação não se fizerem presentes.

Herdeiro das próprias realizações, o *Eu superior* renasce em conjunturas sociais, econômicas, orgânicas e psíquicas a que faz jus ante os Soberanos Códigos da Divina

Justiça, em face do comportamento vivenciado nas reencarnações anteriores.

Desde o momento em que mergulha nos fluidos mais densos do corpo físico, imprimem-se-lhe os impositivos do processo da evolução, dando curso ao restabelecimento do equilíbrio que se descompensou anteriormente. A pouco e pouco, o encontro ou reencontro com o grupo familiar, no qual deverá construir a harmonia pessoal e a do clã, produz injunções predisponentes ao êxito ou ao fracasso, conforme lhe pesem na consciência os débitos morais pelos quais se sente responsável.

Por isso dispõe de um largo período de infância – o mais longo entre todos os animais –, a fim de que se fixem os fatores que se irão transformar em condições próprias da existência corporal.

Quando renasce em ninho de paz, mais facilmente se lhe estruturam as perspectivas de triunfo, em face das cargas emocionais de tranquilidade e amor com as quais se robustece, podendo seguir sob amparo e, ao mesmo tempo, liberdade.

Em situações opostas, o martírio se lhe insculpe no inconsciente em expressões de ressentimento e medo, ódio e humilhação, perdendo o sentido elevado da existência, pela qual se desinteressa, fugindo para estados mórbidos da personalidade.

Pais irresponsáveis, perversos e castradores – doentes emocionalmente que são –, inseguros de si mesmos, quase sempre descarregam os sentimentos destrutivos nos filhos, incapazes de defender-se, traumatizando-os de maneira que beira o irreversível.

O despertar do Espírito

Agressões verbais e físicas constantes, através de expressões chulas e ofensivas, surras e punições outras por nonadas, bem como violências sexuais, irão constituir o infortúnio existencial daqueles que se lhes tornam vítimas indefesas.

Normalmente, quem assim age, punindo, estuprando, violentando, transfere do seu passado próximo os próprios sofrimentos que lhe pareceram injustos, e os atingiram em represália de outrem, nesse gerando por sua vez medo e rancor, frustração sexual e insegurança. Torna-se um verdadeiro círculo vicioso de infelicitações.

Não tendo condições psicológicas para enfrentar a fragilidade pessoal interna, faz-se algoz dos filhos, através de cujo comportamento adquire poder – força de dominação – e amor desequilibrado.

A agressão física à criança é também uma forma de estupro sexual, por ocultar um conflito de desejo e de ódio, de necessidade e de desprezo.

A criança – masculina ou feminina – vitimada pela ocorrência do estupro sexual permanecerá profundamente marcada pelo sentimento de humilhação a que foi submetida, perturbando-se no desenvolvimento da própria sexualidade, que se lhe apresentará como mecanismo afligente, empurrando-a, a partir desse momento e quase sempre, para uma conduta desequilibrada.

A eleição do comportamento sexual torna-se-lhe muito difícil, por não saber discernir qual a opção correta para uma existência saudável, porquanto teve os sentimentos violentados no período mais significativo do desenvolvimento das aptidões que devem manter a harmonia entre a anatomia física e a função psicológica desestabilizada. Sentindo-se usurpada no seu direito de escolha, *anula* emocionalmente a função sexual, que lhe causou o tormento, vivendo sem experienciar o prazer nem a emoção elevada que a comunhão saudável com o seu parceiro deveria proporcionar.

O sentimento de vergonha estará sempre presente, assinalando o seu desenvolvimento e conspirando contra o seu equilíbrio emocional.

Somente através de uma psicoterapia muito cuidadosa, na qual o perdão desempenhará um papel preponderante, essencial, é que se conseguirá restabelecer a integridade do indivíduo, reajustando-lhe a personalidade fissurada pelos golpes das agressões sofridas.

A infância é, sem dúvida, o período experimental para a construção de um comportamento espontâneo, sinalizado pela alegria de viver e pela disposição para crescer, desenvolvendo todos os valores que dormem no âmago do ser.

Conflitos do cotidiano

O conflito pessoal que vem da infância, porque não foi resolvido, se transfere com aspecto fantasmagórico para o relacionamento social, que se torna enfermiço, feito de desconfianças e ressentimentos contra as demais pessoas, para as quais é transferida a imagem do violentador, buscando a vítima, desse modo, fugir de tudo e de todos aqueles que aparentemente podem ameaçar-lhe a integridade física e emocional ferida.

Em face do problema o grupo social assume a aparência do ser odiento que dilacerou sem compaixão os sentimentos puros da criança, inibindo-lhe a liberdade e ameaçando-a, caso viesse a delatar a infâmia de que foi vítima, mesmo sem o desejar fazer.

Outra consequência marcante desse ato ignóbil é o medo da própria sexualidade, de que passa a experimentar vergonha e asco.

Na violação da inocência e da liberdade houve desestruturação do conceito dos valores humanos, que estão aparentemente representados pelos adultos, aqueles que mais facilmente expressam autoridade e comando, direcionamento e conduta dos grupos sociais.

A sexualidade natural, harmônica, decorrente de um sentido psicológico maduro, expressa-se também pelo olhar, quando esse é atraído por algo que lhe desperta a sensação ou a emoção. Quando se padece de inibição, o olhar permanece mortiço e oculto, em razão do paciente associar as novas manifestações do sexo ao insulto de que foi objeto.

Vive-se a hora da explosão sexual sem valor ético-moral na sociedade aturdida. Exposto de maneira ultrajante, produz sentimentos controvertidos e perturbadores. O *deus sexo* vem-se tornando a meta máxima para ser atendida pela criatura, a fim de encontrar-se *bem* no grupo social. Somente que destituído de valor emocional, o relacionamento sexual faz-se tão insaciável quanto frustrante em razão dos apelos sensacionalistas e perversos, antes se impondo pelas imagens visuais e sonoras que a mídia apresenta como apelos vulgares de erotismo e pornografia.

Incapazes de ultrapassar a barreira da provocação, as vítimas da propaganda chula atormentam-se na ânsia insana de aproveitar o momento e as circunstâncias favoráveis e vulgarizadas, destruindo a família, os sentimentos interiores, para gozarem o máximo, embora o preço exorbitante de desgaste emocional, físico e espiritual que terão de pagar.

A hiperexcitação sexual através dos veículos da mídia produz danos graves no comportamento, porque as imagens agressivas absorvidas nem sempre podem ser descarregadas de imediato, o que gera inquietude e insatisfação.

Por outro lado, a sociedade padece da imposição das atividades hiperativas, exigindo movimentação incessante, viagens seguidas, negócios sucessivos, variedade de festas ruidosas, exibicionismo contínuo...

As músicas em altos decibéis, as buzinas dos veículos, as propagandas em volume insuportável, os pregões das novidades aturdem, levando os indivíduos a desesperos internos que fazem parte do cotidiano.

A perda do silêncio exterior tornou-se acompanhada da ausência da harmonia interna, e quando se está a sós, necessitando-se de quietação, o hábito mórbido do barulho conduz à busca das músicas bulhentas, das telenovelas, das ginásticas que facultam musculação, dos movimentos sempre para fora, com desprezo do corpo, embora o aparente interesse por ele.

Necessitando-se ter bem assentados os *pés no chão*, a fim de melhor sentir-se o corpo e a alma, é inevitável que se apresente a urgência do silêncio externo para a viagem interior. Quando não se logra essa tranquilidade, cria-se um mecanismo de isolamento dos sentidos físicos, que passam a selecionar apenas o que se quer escutar, o que se deseja sentir, o que interessa em participar, logo anulando várias outras funções do corpo que ficam anestesiadas umas e bloqueadas outras.

Os conflitos do cotidiano são decorrência externa dos tormentos interiores do ser humano, que se vê a braços com excessos para os quais não se encontra psicologicamente preparado, exceção feita àqueles que *fossilam* nas classes menos favorecidas socioeconomicamente, vítimas das injustiças vigentes.

Ao lado do barulho ensurdecedor, dos apelos ao uso do sexo desvairado, se apresentam a violência que estruge volumosa, a sujeira que se acumula em toda parte, as *pessoas-objetos-descartáveis*, no momento em que tudo é de valor secundário e utilitário, cessando a sua qualidade quando desaparece o interesse imediato.

Nesse báratro, o ser fragilizado pela perda de contato com o corpo e com o *Self*, aturdido ante a imperiosa necessidade de manter-se vigilante para não perder o veículo da oportunidade que se apresenta auspiciosa para a conquista das coisas, desfigura o conteúdo da realidade, atirando-se no vazio existencial interior e na aparência que lhe disfarça os sentimentos, robotizando-se, sorrindo para agradar ou mergulhando fundo na depressão.

Por outro lado, esses conflitos do cotidiano induzem ao receio da insanidade, resultado da dissociação entre o corpo e o *ego*, na perturbação dos sentidos de forma generalizada. Simultaneamente, outros fatores tornam-se responsáveis pela ocorrência dos fenômenos apavorantes, quais o medo da doença, da pobreza, da violência, da morte, que inquietam o paciente e o levam ao sobressalto, efeitos remotos que são dos abusos vividos na infância, que não foram liberados.

Crianças, cujas mães não pararam de reclamar – exigentes e malcriadas –, não poucas vezes tiveram desejos quase incontrolados de esganá-las, a fim de que calassem a boca acusadora, deixando-lhes a mente infantil em paz. Como consequência do impedimento de realizá-lo, nasce-lhes no íntimo um sentimento de culpa que permanece afligindo, e que é compensado através da expressão sexual destituída de sentimento de amor, tornando-se uma forma de explosão da raiva contida longamente ou se manifestando por meio da irrupção da ira e da revolta, assim diminuindo-lhes a pressão que experimentam.

No caso de conflitos dessa ordem, a terapia de reconhecer a raiva e exteriorizá-la através do choro profundo, do perdão ao algoz, removendo-a do inconsciente para o corpo que se relaxará, é de grande utilidade, assim contribuindo para um desenvolvimento psicológico maduro e saudável.

Esse medo da loucura trabalha em favor dela, afastando o paciente da realidade na qual se encontra e conduzindo-o ao cultivo das expressões que lhe dão aparente normalidade...

De forma equivalente, é o receio de aceitar a convivência com intimidade profunda, porquanto a ocorrência faz recordar o temido espectro de ser controlado pela pessoa com quem vive, fato que traz à mente a imagem dominadora do pai, que se caracterizava como conhecedor seguro dos sentimentos do filho, assustando-o e ameaçando-o constantemente.

Há uma dicotomia muito marcante nessa conduta, e que é típica da infância, exteriorizando-se nas emoções de sedução e rejeição, amor e ódio, ou pior, amor e indiferença.

O ódio é uma forma de amor que enlouqueceu, sendo que a morte do sentimento de amor, muito pior do que o ódio, é a referida indiferença.

Uma terapia correta sob assistência de um especialista e o esforço do paciente buscando a libertação do conflito e a reestruturação da personalidade, iniciando pelo perdão ao ofensor e pelo autoperdão, em considerando a impotência ante a circunstância malsã que o atingiu, contribuirão poderosamente para o equilíbrio perdido e o prosseguimento da jornada sem ruptura emocional perturbadora.

A harmonia sempre resulta de uma perfeita identificação entre o *ego* e o *Self* que devem conjugar esforços para o bem-estar do ser. Interagindo reciprocamente em perfeita identificação de propósitos, constroem uma estrutura saudável de personalidade capaz de enfrentar as vicissitudes e ocorrências desafiadoras do processo de crescimento e amadurecimento pessoal.

O Ser humano perante si mesmo

Para que exista uma alegria expressiva e saudável num comportamento psicológico maduro, torna-se essencial o autoencontro. Todas as conquistas do intelecto e mesmo do sentimento que se não integrem no cosmo do ser espiritual, tornam-se adornos da personalidade sem influência profunda na emoção, que pode permanecer com riscos de insegurança ou de crueldade, de medo ou de ressentimento.

Todo conflito não superado, consciente e emocionalmente, ressurge com máscara diversa aprisionado à mesma matriz psicológica.

O inconsciente comanda o *Eu consciente* através de automatismos muito bem elaborados durante todo o percurso socioantropológico, permanecendo mais na área do *instinto primário* repetitivo do que no racional lúcido, bem delineado.

Os automatismos do inconsciente funcionam de tal forma que se faz necessário racionalizar os atos, a fim de adquirir consciência da própria realidade, em processo do pleno autodescobrimento.

À medida que o ser se compenetra da realidade que é, como Espírito imortal, mais fácil se lhe torna o crescimento intelecto-moral, graças ao qual processa as dificuldades e desafios, empreendendo a inabordável marcha da felicidade.

No vaivém do cotidiano, a preocupação mais destacada diz respeito à identificação de todos aqueles com os quais convive, colocando-se à margem, preferindo, embora inconscientemente, ignorar o Si, não obstante os mecanismos conflitivos que devam ser alterados para um estado de saúde e de harmonia interior, do que decorrerão os equilibrados resultados de um relacionamento harmônico com os grupos familial, social e humano.

Nesse esforço desenvolve-se-lhe o sentimento de amor, que é todo construído através da equilibrada conduta psicológica em relação a si mesmo tanto quanto àqueles que participam do seu convívio.

A observação dos pensamentos habituais, que refletem as fixações do inconsciente, o bom direcionamento deles para mensagens de otimismo e de esperança, de edificação e de progresso, constituem o primeiro passo na experiência nova da evolução, facultando um comportamento consentâneo com as aspirações mantidas, que enseja uma boa estruturação da personalidade.

O ser humano em si mesmo é sempre consequência dos seus atos anteriores. A cada realização desenvolvida apresentam-se novas propostas que dela resultam, ampliando o campo de crescimento emocional.

Os conflitos, portanto, à medida que vão sendo detectados e vivenciados racionalmente, desaparecem, porque as suas matrizes anteriores deixam de predominar no campo do inconsciente, que se renova diante das recentes diretrizes que direcionam ao arquivamento.

Conceitos, antes não considerados, passam a receber cuidadosa reflexão, em face da contribuição que facultam ao autoesclarecimento, clarificando os tormentosos enigmas do comportamento.

Sem o egocentrismo perturbador, o indivíduo descobre quanto lhe é significativa a existência, investindo, em cada momento, de forma agradável e compensadora, esforços de autossuperação, que se transformam em fonte geradora de felicidade. O sentimento de autoestima desabrocha, dando início a sentimentos de alta magnitude, graças aos quais surgem estímulos para amar ao próximo, permitir-lhe perceber a realidade em que se encontra, suas glórias e deficiências, os horizontes da vera fraternidade e dos relacionamentos edificantes responsáveis por uma sociedade realmente harmônica.

Quando o indivíduo pode enfrentar-se com tranquilidade, administrar os valores negativos, estimulando os recursos positivos, sem ressentimentos das ocorrências infelizes nem os júbilos exacerbados, realiza um expressivo labor de psicossíntese, dispondo-se à radical mudança de conceitos perturbadores, para renovar-se com acendrado interesse na eliminação dos conflitos que remanescem teimosos.

O homem e a mulher perante si mesmos, em autoanálise enriquecedora, constituem a grande meta da psicoterapia que liberta o paciente de quaisquer condicionamentos atávicos ou recentes, facultando-lhes caminhar com os próprios pés, para assumirem responsabilidades conscientes em relação aos próprios atos.

Somente, portanto, pelo despertar do Si, através da ruptura da névoa da ignorância e dos conflitos que constituem bengala psicológica para continuar em sofrimento, é que o ser humano se redescobre, desenhando novos mapas de comportamento e emergindo da sombra, assim como desembaraçando-se do cipoal das dificuldades a que se submetia.

É um esforço hercúleo, que se faz compensado pela sensação de liberdade real, de crescimento interno, de visão correta dos fenômenos da existência, alçando-se sem temor a outros empreendimentos, que antes lhe constituíam grande temeridade.

O crescimento interior é, definitivamente, a grande meta a que devem aspirar todos os seres humanos. As heranças negativas que o agrilhoam aos transtornos psicológicos e sentimentos perturbadores fazem parte do seu processo evolutivo, mas não devem permanecer enquanto se realiza, lutando pela conquista de mais elevados propósitos de emancipação emocional e espiritual.

Sendo o processo de desenvolvimento antropossociopsicológico muito lento, é no período do discernimento que pode ser ampliado com maior facilidade graças ao contributo da razão que amplia as capacidades de aspirar, de lutar e de nunca ceder ante a comodidade que significa desinteresse pela vida.

A luta que fortalece as resistências emocionais é fenômeno natural, automático da própria máquina orgânica, servindo de emulação para os desafios psicológicos e espirituais.

Graças a esse empreender de novas atividades, sem o abandono dos labores em curso, à capacitação de armazenamento de experiências úteis, ao interesse pelo enfrentamento dos desafios como ocorrências naturais do *processus* no qual se encontra, a consciência do Si sobressai, superando as constrições antagônicas dos instintos que permaneciam em prevalência na conduta, engrandecendo a criatura e a vida à sua volta.

Normalmente, com a aceitação fatalista e castradora de doutrinas religiosas que dificultaram o crescimento emocional do ser humano, este ainda permanece acreditando que a existência terrena é um fadário que tem de ser conduzido com o apoio da infelicidade, derrapando em masoquismo chão, injustificável.

O ser humano está fadado às estrelas, autoiluminando-se com o esplendor da sabedoria – amor e conhecimento – de forma a atingir a meta para a qual foi criado: a perfeição!

Não se trata de uma fantasia religiosa ou de uma premissa falsa com caráter ilusório, que o *sol* da realidade desfaria de imediato. Mas de um direito que está outorgado pela própria fatalidade existencial.

Neste Universo, no qual não existem o repouso, o nada, o estacionamento, por que ao ser humano estariam destinados a destruição, a estagnação, o sofrimento com o caráter mórbido de irremissível, a infelicidade sem termo? Assim fosse, e a vida perderia o seu significado, a sua própria justificação, porque a Causalidade Absoluta que a gerou teria se utilizado de um instrumento cruel e imperdoável de autoprazer ante a tragédia cotidiana da própria Natureza no seu automático desgaste e incessante transformação.

O sofrimento não faz parte dos Soberanos Códigos da Vida, constituindo-se experiência do mecanismo da evolução, mediante o qual se processam as alterações moleculares das formas transitórias utilizadas pelo *princípio inteligente do Universo*, que é o Espírito.

Reconhecer a fragilidade em que se apresenta, as múltiplas necessidades, reais ou imaginárias que caracterizam cada qual, os riscos de recidivas em fenômenos perturbadores por preferências da sensação antes que da emoção superior, são reflexos de autoconsciência, de lucidez dos objetivos que devem ser alcançados, diferindo daqueles que estão expostos à facilidade.

Essas conquistas lentas e seguras, que muitas vezes necessitam de auxílio especializado, através de terapeuta competente que seja conhecedor do ser integral, e não apenas das expressões da psique cerebral, fazem parte dos objetivos essenciais, sem os quais a criatura estará sempre a braços com os tormentos que não mais se justificam.

Vive-se a hora dos grandes descobrimentos de fora, e, igualmente, das expressivas realizações interiores. O desenvolvimento da cultura tem por meta libertar o ser humano de todo o primarismo que lhe permanece infelicitador. Suas realizações externas impulsionam-no para as conquistas internas, mundo soberano no qual se encontram em abundância os preciosos significados da evolução.

Libertação do *ego*

O remanescente dos instintos, dos impulsos do desejo e do prazer, que procedem do *id* exteriorizando-se na forma do *ego*, permite o controle e a constatação consciente da realidade, como herança dos registros mais profundos da psique.

Obviamente é resultado das experiências multifárias das reencarnações transatas, quando o ser despertava nas formas primitivas, através das quais seriam desenvolvidos os valores e as aptidões que ora lhe constituem os elementos físicos e psíquicos do processo evolutivo.

Em face do imenso período de predominância do instinto como guia do comportamento até o momento em que surgem os pródromos da razão e do discernimento, fixaram-se os caracteres mais fortes das sensações, facultando campo para o poder – predominância sobre os espécimes mais fracos – e o prazer, expresso na volúpia dos desejos automatistas.

Lentamente se foi desenvolvendo o *ego,* que passou a ser elemento básico para a sobrevivência consciente do ser, enraizando-se na psique e exteriorizando-se na personalidade onde mantém o seu campo de desenvolvimento.

Como efeito, a astúcia predomina mais do que a inteligência, em razão de expressar os mecanismos do instinto animal de preservação da vida, engendrando os meios de sobrepor-se cada indivíduo sobre o outro, considerando prioritários os seus interesses de ordem pessoal, tanto quanto as suas necessidades reais ou apenas imaginárias.

Responde o *ego* por incontáveis conflitos e problemas pessoais e sociais, por agir impensadamente, no sentido ético, tendo em vista a autovalorização em detrimento das demais criaturas do círculo no qual se movimenta.

Enquanto atue indiscriminada e dominadoramente, mantém o indivíduo encarcerado nas paixões que lhe predominam em a natureza, demorando-se no estágio da psique embrionária, em vez de desenvolver as infinitas potencialidades que ela possui, na condição de santuário das energias divinas, que são o reflexo do Criador em germe na criatura.

A inteligência, que procede da Progenitura Espiritual, é semelhante ao sêmen que carrega todos os elementos orgânicos futuros que lhe cumpre desenvolver, desde que haja condições propiciatórias para a fecundação e manifestação das suas potencialidades, atendendo, dessa forma, a uma fatalidade preestabelecida, que pode ser considerada como a plenitude de todas as funções e faculdades.

O processo da evolução, facultando o surgimento da inteligência que dimana do Espírito e deverá predominar no comportamento do ser, propõe, inevitavelmente, a superação dos condicionamentos mais primários, que constituem vitórias naturais, e ensejam conquistas mais expressivas na área do psiquismo.

A disciplina mental é indispensável recurso para a desejada ascensão do instinto para a razão, que indica o melhor caminho de crescimento interior, a fim de ser preservada a paz, de vencer os conflitos que remanescem das lutas iniciais ante as forças em desgoverno da Natureza, dos animais predatórios e vorazes, dos demais indivíduos da convivência inicial, enfim, de todos os fatores que geraram medo e encravaram nas profundas camadas da psique a necessidade da autodefesa, da sobrevivência.

O esforço para alcançar mais amplos patamares do psiquismo, superando os anseios-impulsos do poder e do prazer como tornados de secundária importância, irá cooperar para outras experiências na área do *Self*, rica de compensações emocionais, sem as inquietantes buscas, às quais as ambições do desejo propelem para arrastamentos tormentosos.

Passo a passo, na autossuperação dos desejos infrenes da libido, mesmo que disfarçada sob outras máscaras, como no caso, a posse – para mais prazer –, a renúncia aparente – como forma de prazer –, acúmulo de coisas – para desfrutar o prazer –, a solidariedade externa – exacerbação do prazer

–, contínuas experiências sexuais – prazer exorbitante... Em cada etapa de renúncia natural, com substituição do tipo de desejo, atendendo ao inconsciente impulso de imortalidade na qual todos se encontram mergulhados, vai-se superando o *ego* e abrindo-se espaços para mais elevadas aspirações que enriquecem interior e exteriormente o ser humano, desalgemando-o da canga do primitivismo em que se tem detido.

O *ego,* predominando em a natureza humana, utiliza-se de muitos mecanismos para ocultar os seus conflitos, expressando-se como diversos tipos de fuga da realidade, tais a projeção, a compensação, o deslocamento, a introjeção, a racionalização, entre outros mais... Trata-se de uma exacerbação do *superego,* para manter a sua identidade e permanecer soberano, impedindo as manifestações superiores do *Self.*

A conscientização lúcida desse investimento emocional auxilia na construção de bases mais sólidas para a vontade que se alcandora conquista a conquista, ampliando o campo de possibilidades que proporcionam a real alegria e a legítima felicidade.

Enquanto haja predominância egoica no ser, as suas serão aspirações imediatistas, pertinentes aos *instintos primários* que mantêm o indivíduo na furna dos mecanismos conflitivos sem coragem de sair da sombra para vir fora da caverna onde se oculta e tem uma visão defeituosa da realidade, que se lhe apresenta como projeções escuras...

Há um incomparável *sol* de esperanças nos patamares superiores da psique, nos quais se encontram em toda a grandiosidade as legítimas expressões do ser espiritual, aguardando o seu desabrochar.

A psicologia do amor, inaugurada por Jesus Cristo, é a pioneira no processo autotransformador, por ser possuidora dos imprescindíveis tesouros de sublimação dos impulsos primitivos, deixando os *grilhões férreos* das experiências ancestrais, necessárias para o crescimento interior, mas perturbadoras se ainda permanecem passado o período da sua vigência.

O ser consciente da sua realidade imortal trabalha-se com alegria, limando as arestas do personalismo e do egoísmo, mediante a sua natural substituição pelo altruísmo, pela generosidade e serviço de engrandecimento moral de si mesmo e do seu próximo, o que torna o Evangelho o mais precioso tratado de psicoterapia e de psicossíntese, na sua proposta vibrante de autodescobrimento, de viagem interior, de busca da Realidade, da Unidade...

Iniciado o tentame de superação do *ego*, satisfação imensa invade o ser que se sente livre para mais grandiosos desafios, quais sejam a abnegação, o devotamento às causas do humanitarismo, da Ciência, da Religião, da arte, da Tecnologia, sempre tendo em vista os demais seres, sem abandono das próprias aspirações e anseios de harmonia.

Empreendida essa tarefa, que hoje ou mais tarde se apresenta como intransferível, nenhum trauma se manifesta, conflito nenhum se expressa, porque o sentimento de amor inunda todo o campo dos sentimentos e dos pensamentos, propondo sempre mais ação e desprendimento dos impulsos atávicos do passado escravizador.

Toda forma de ascensão exige esforço, que se compensa pelas alegrias das conquistas adquiridas. No que diz respeito à superação do *ego,* entendendo-se como necessária à manifestação do *Self,* a contribuição da vontade, às vezes difícil, torna-se relevante, porquanto a permanência no estágio do instinto apenas, igualmente, produz aflições que não são compensadas nem transformadas em bem-estar, qual ocorre na conquista consciente do *Si profundo*.

À medida que o ser se desenvolve moralmente, mais se espiritualiza, modificando, inclusive, a constituição molecular da organização física, cujas necessidades se alteram, dando lugar a mais sutis emoções que passam a governar o comportamento, trabalhando as células e o seu cronograma organizacional, que se põe a elaborar equipamentos de acordo com os novos impulsos, ora mais sutis e menos tóxicos, que antes exigiam estruturas mais densas e mesmo grosseiras, tendo-se em vista a indumentária para revestir esse novo ser, aquele que superou o *ego* tenaz e dominador.

7
Relacionamentos Humanos

Relacionamentos familiares • Relacionamentos com parceiros ou cônjuges • Relacionamentos sociais

Tudo provém da Unidade e volve à Unidade. O Universo é Uno na sua constituição, resultado do Psiquismo Divino, que a tudo envolve e dinamiza.

As construções mais complexas são resultado do relacionamento das partículas cujas moléculas se identificam na mesma vibração de força cósmica, sempre constituídas de microformas que se diluem na energia primitiva que constitui a Unidade básica.

Relacionam-se todos os minerais, cuja força de aglutinação de átomos resulta na variedade infinita de formas através das quais se apresentam, possuindo uma vibração ciclópica e especial. De igual maneira, os vegetais se relacionam intensamente, intercambiando vibrações específicas e pólenes que os fecundam e vitalizam, em cujo período desenvolvem espontânea sensibilidade que capta as energias fomentadoras da vida. O mesmo fenômeno se dá com os animais, agora mais intensamente em razão dos instintos que os propelem aos impulsos vitais, sem os quais se extinguiriam, necessitando-se reciprocamente, e, ao mesmo tempo, preservando com os demais seres viventes o ecossistema.

O ser humano de forma alguma pode viver sem os relacionamentos que lhe constituem fatores básicos para o enfrentamento dos desafios e o desenvolvimento dos valores que lhe jazem interiormente de forma embrionária.

Quando alguém não mantém relacionamentos saudáveis, encontra-se em distúrbio de comportamento que pode ter características patológicas a caminho de agravamento. Mesmo assim, salvadas as exceções naturais, existem processos inconscientes de identificação com outros do mesmo nível emocional, estruturando um tipo qualquer de relação, embora de natureza agressiva, cruel ou dependente.

Esse mecanismo é essencial para a preservação da saúde física, emocional e mental, em razão de estruturar o comportamento de maneira edificante, quando realizado em equilíbrio, ou facultar transtornos de vária ordem, se proveniente de reações geradas pela antipatia ou pela animosidade primitiva que ainda predomina como guia de conduta.

Quando se observa alguém ou alguma coisa, o processo é feito de reciprocidade, porquanto aquilo ou a quem se vê, por sua vez, observa também o observador.

Em tudo há uma resposta unitária de identificação, trabalhando em forma de relacionamentos energéticos, vibratórios.

Sem tal ocorrência, o sentido da vida humana desapareceria e a sobrevivência dos animais, plantas, assim como a permanência dos minerais resultaria na forma do denominado *caos do princípio*.

Esse relacionamento pode ser identificado também nas faixas dos instintos e emoções mais nobres, como o *élan* vital para o processo de crescimento intelecto-moral a que tudo está destinado pela *Causalidade Única*.

Os relacionamentos de qualquer natureza oferecem campo para reflexão, quando na área da consciência, por propiciar parâmetros que facultam os comportamentos ideais, mediante análise de cada experiência e dos resultados que ensejam.

O ser humano necessita do calor afetivo de outrem, mediante cuja conquista amplia o seu campo de emotividade superior, desenvolvendo sentimentos que dormem e são aquecidos pelo relacionamento mútuo, que enseja amadurecimento e amor. Concomitantemente, espraia-se esse desejo de manter contato com as expressões mais variadas da vida, nas quais haure alegria e renovação de objetivos, por ampliar a capacidade de amar e de experienciar novas realizações.

O fluxo da vida humana se manifesta através dos relacionamentos das criaturas umas com as outras, contribuindo para uma melhor e mais eficiente convivência social. Nas expressões mais primárias do comportamento, o instinto gregário aproxima os seres, a fim de os preservar mediante a união de energia que permutam, mesmo que sem se darem conta.

O desafio do relacionamento é um gigantesco convite ao amor, a fim de alcançar a plenitude existencial.

É impostergável proposta de desenvolvimento do *Eu superior*, no qual está a divina semente da Vida, aguardando os fatores propiciatórios para o seu desenvolvimento, atendendo à fatalidade a que está destinado.

Uma velha fábula conta que, numa já remota era glacial, os porcos-espinhos sentiram-se ameaçados de destruição pelo frio que reinava em toda parte. Por instinto, uniram-se e conseguiram sobreviver em razão do calor que irradiavam. Não obstante, pelo fato de estarem muito próximos uns dos outros, passaram a ferir-se mutuamente, provocando reações inesperadas, qual o afastamento de alguns deles. Como consequência da decisão, todos aqueles que se encontravam distantes passaram a morrer por falta de calor. Os sobreviventes, percebendo o que acontecia, reaproximaram-se, agora, porém, conhecedores dos cuidados que deveriam manter, a fim de não se magoarem reciprocamente. Graças a essa conclusão feliz, sobreviveram à terrível calamidade...

Trata-se de excelente lição para uma feliz convivência, um produtivo relacionamento, respeitando-se sempre os valores daquele a quem se busca, sua privacidade, seus sentimentos, suas conquistas e prejuízos, que fazem parte da sua realidade pessoal.

Relacionamentos familiares

A família é o laboratório de vivências das mais expressivas de que necessita o ser humano no seu processo de evolução, porquanto, no mesmo clã, os indivíduos são conhecidos, não podendo disfarçar os valores que os tipificam.

Aceitos ou repudiados por motivos que procedem de existências pretéritas, o grupo familial faculta o romper dos laços do egoísmo, a fim de que a solidariedade e a lídima fraternidade se desenvolvam efusivamente.

No recesso da família renascem os sentimentos de afinidade ou de rechaço que os Espíritos preservam de outros relacionamentos felizes ou desventurados em reencarnações transatas, refluindo consciente ou inconscientemente como necessidade de liberação dos conflitos, quando forem dessa natureza, ou intensificação da afetividade, que predispõe às manifestações mais significativas do amor além da esfera doméstica.

O *élan* que se estabelece no lar tem valor decisivo, muitas vezes, na conduta do indivíduo, onde quer que se encontre, tornando-o inibido, introvertido ou jovial, agradável, como efeito das ocorrências do ninho doméstico.

Os Espíritos antipáticos entre si, quando se reencontram na família, unidos pela consanguinidade, expressam essa animosidade de muitas formas, o que gera transtornos cuja gravidade tem a dimensão dos problemas vivenciados.

Por outro lado, quando existe compreensão e fraternidade, os relacionamentos se fazem saudáveis e enriquecedores, ampliando os horizontes do afeto, que se expandem em todas as direções, qual rio generoso que se espraia em campo aberto, irrigando o solo e dando vida mais abundante por onde passa.

O relacionamento no lar constitui preparação para as conquistas da solidariedade com todos os seres, não apenas os humanos, porquanto o desenvolvimento dos valores intelecto-morais proporciona aspirações mais amplas que vão sendo conquistadas à medida que o indivíduo amplia a capacidade volitiva de amar. Essa volição propele-o à compreensão das dificuldades que os relacionamentos às vezes enfrentam.

Somente há legítimo relacionamento, que poderá ser considerado saudável, quando as pessoas ou os seres que intercambiam as expressões de afetividade ou de interesse comum, mesmo que discordando de ideias e posturas tomadas, agem em clima de agradável compreensão, ensejando o crescimento interior.

Nos relacionamentos agressivos, que em muitas ocasiões surgem no instituto da família, os opostos encontram-se em conflito recíproco, e sentindo-se impossibilitados de amar, reagem, uns contra os outros, deixando transparecer a presença dos sentimentos magoados.

Quando morre a emoção do amor, dando lugar à indiferença, é que se faz muito difícil o relacionamento, porque desaparecem as manifestações da vida pulsante e rica de aspirações.

Mede-se o desenvolvimento e a maturidade psicológica de uma pessoa, quando o seu relacionamento no lar é positivo, mesmo que enfrentando clima de hostilidade ou de indiferença, que o prepara emocionalmente para outros cometimentos na convivência social.

No abismo dos conflitos que se apresentam em muitas personalidades enfermiças, o medo de amar, a desconfiança por saberem-se não amadas, o receio de terem identificadas as sua facetas tormentosas, criam impedimentos a uma boa relação no lar, pórtico de sombras que passa a ser para os futuros envolvimentos na sociedade.

A postura taciturna, constrangida, silenciosa, quase hostil se revela um recurso psicológico de defesa do *ego*, para continuar no comando das reações mórbidas que se negam à terapia da renovação interior. E tudo quanto não se renova tende a desaparecer, a extinguir-se.

Representando a família a mais valiosa célula do organismo social, é nela que se encontram os Espíritos necessitados de entendimento, de intercâmbio de sentimentos e de experiências, de forma que o lar se faz sempre a escola na qual os hábitos irão definir todo o rumo existencial do ser humano.

O instinto gregário, que predomina no animal e se expande ao ser pensante, estimula o *ego* ainda não doentio à preservação do clã, gerando apegos que constituem automático recurso de que se utiliza para a defesa dos *seus*...

Os interesses gravitam em torno do grupo doméstico, desenvolvendo a capacidade interior de zelo e proteção, que será ampliada mais tarde para todo o grupo social onde se movimenta, e, naturalmente, para a Humanidade que lhe é a grande e legítima família.

Por serem profundos e inevitáveis os relacionamentos domésticos, positivos ou não, apressam o desenvolvimento da afetividade que prepondera, quando negativos, em forma reagente, porém viva, e quando saudáveis, em mecanismos de evolução que apressa a lídima fraternidade.

No geral, as pessoas temem os relacionamentos mais sérios, porque não desejam ser magoadas, acreditando que não lograrão a compreensão nem o apoio de que necessitam, preferindo uma atitude de distância, o que tampouco as impede de experimentar outro qualquer tipo de constrangimento. Tal atitude, inegavelmente conflitiva, resulta em tormento para quem assim se comporta, porque se sente *expulso* do contexto, não obstante essa atitude seja de eleição própria. Não há crescimento psicológico sem o enfrentamento de problemas, sem o atrito das emoções, particularmente na área da afetividade que é campo novo para o ser, quando treina mais fortes e valiosas expressões de amor.

Quando, porém, alguém não consegue evitar os constrangimentos domésticos, porque outrem – aquele a quem desejaria ser simpático – se recusa à mudança de atitude hostil, é possível tornar o problema um valioso recurso para a prática de tolerância, tentando compreender a sua dificuldade, desculpando-o pelo estágio primário em que ainda permanece, mas tratando de não se deter no aparente impedimento, e crescendo sem amarras emocionais com a retaguarda.

É verdade que não se pode impor o amor, no entanto, não menos verdade é que a pretexto de amar, ninguém se deve deixar permanecer estacionado no obstáculo que defronta. À medida que se cresce, mais soma de recursos se acumula para distendê-los àqueles que se encontram em faixas menos evoluídas, auxiliando-os com lúcida afeição fraternal.

Quando não vicejam sentimentos felizes na família – que se apresenta dispersiva ou sempre maldisposta, egoísta ou agressiva –, a melhor terapia para um bom relacionamento é aquela que não envolve as emoções, evitando-se dilacerações sentimentais, porquanto os menos equipados de grandeza moral são insensíveis às palavras e aos gestos de ternura, caracterizando-se pela forma brutal de comportamento. Assim, então, cabe, a quem deseja o amadurecimento, a permanência no cultivo de pensamentos salutares, estimando as boas leituras e evitando as expressões chulas, tão do agrado dos Espíritos mais primitivos, preservar-se do nivelamento pela vulgaridade e assim *exigindo* o crescimento emocional e moral de quem lhe comparte a convivência.

Os relacionamentos familiares são particulares testes para a fraternidade, desde que o campo é fértil para as discussões, as agressões, as discrepâncias, mas também para a compreensão, a ajuda recíproca, o interesse comum, mediante cujas ocorrências, dá-se naturalmente a integração do ser na convivência social.

Quando alguém experimenta conflito no lar e não consegue superá-lo, este o seguirá aonde for, porquanto, sendo de natureza interior, necessita ser diluído antes que superado.

A fornalha mais preciosa para o amoldamento do caráter e da personalidade é o lar. Quando esse falta, deixando o ser em formação em mãos estranhas ou ao abandono, o sofrimento marca-lhe o desenvolvimento psicológico, que passa a exigir terapia de amor muito bem direcionada, evitando-se os apelos de compaixão, de proteção injustificada, para se tornar natural, franco, encorajador, e que faculte a compreensão do educando sobre o fenômeno que lhe aconteceu, mas em realidade não lhe pode afetar a existência, desde que se trata de uma ocorrência proposta pelas Leis naturais da Vida.

O ser humano, em qualquer fase do seu desenvolvimento na escola terrestre, é sempre aprendiz sensível a quem o amor oferece os mais poderosos recursos para a felicidade ou para a desdita, dependendo de como esse seja encaminhado.

O lar, desse modo, é oficina de crescimento moral e intelectual, mas sobretudo espiritual, que deve ser aprimorado sempre, abrindo espaço para tornar-se célula eficiente da sociedade.

RELACIONAMENTOS COM PARCEIROS OU CÔNJUGES

Os relacionamentos de qualquer natureza dependem sempre do nível de consciência daqueles que estão envolvidos. Havendo maturidade psicológica e compreensão de respeito pelo outro, facilmente se aprofundam os sentimentos, mantendo-se admirável comunhão de interesses e afinidades, que mais se intensificam, à medida que as circunstâncias permitem o entrosamento da convivência.

Quando se trata de um relacionamento que envolve a comunhão sexual e os interesses se mesclam com os desejos de posse e de prazer hedonista, a convivência tende a desmistificar o encantamento inicial, dando lugar a futuros desinteresses, ressentimentos e, não raro, ódios e desejos de vingança, o que é sempre muito lamentável.

Sob o influxo da libido, a busca do relacionamento com parceiros, conjugais ou não, é normalmente feita sob paixão e irreflexão. A conquista do outro se torna fator essencial para a harmonia momentânea do indivíduo. Todos os sentimentos são acionados e a criatividade se desenvolve, de modo a propiciar apenas a meta anelada.

Conseguido o objetivo, diminui lentamente o prazer da convivência, que cede lugar ao tédio, à falta de diálogo, à morte da comunicação, intercâmbio esse que é fator essencial para um relacionamento agradável, mesmo quando não plenificador.

Centralizando os objetivos da existência no sexo, muitas pessoas acreditam que somente ao encontrarem alguém capaz de as completarem, é que terão conseguido o momento culminante da jornada humana. Esquecem-se, no entanto que, passadas as novidades, tudo se transforma em rotina, especialmente quando os interesses egoicos recebem primazia e se fazem responsáveis pelas motivações do eventual encontro.

Porque são destituídos de maturidade e respeito humano profundo, essas relações são sempre efêmeras e deixam sinais de amargura, quando não se facultam terminar com rancores danosos para a emoção de algum dos envolvidos, ou não produzem maior dilaceração na alma de ambos.

Qualquer tipo de relacionamento deve ter como estimuladores a amizade, o desejo honesto de satisfações recíprocas, sem que haja predominância de uma vontade sobre a individualidade de outrem.

Pela necessidade de conviver, a amizade desempenha um papel fundamental em qualquer tipo de conduta, abrindo espaço para uma gentil identificação de propósitos e de permuta de valores, que constituem elementos de intercâmbio sempre feliz, facultando o crescimento dos interesses humanos e das realizações que proporcionam bem-estar.

Indubitavelmente, esse sentimento pode originar-se no inicial interesse da libido que desperta para a busca de outro ser, na necessidade de companheirismo, na ânsia normal de amar e de ser amado, no prazer do intercâmbio pela palavra, pelos ideais, pelas metas existenciais... No entanto, a compreensão dos direitos do outro deve prevalecer como normativa de bom relacionamento, a fim de que não advenham as imposições infantis do egocentrismo, das chantagens emocionais, dos pieguismos desagradáveis. Todo relacionamento deve enriquecer aqueles que se encontram envolvidos, porquanto produzem identificação de metas e meios para serem conseguidos.

É natural que o *céu* de qualquer relacionamento nem sempre seja tranquilo, particularmente quando são parceiros que comungam mais profundamente as expressões do amor, trabalhando em favor da família, mantendo a estrutura do lar, o equilíbrio dos filhos e de outros familiares. Não obstante, as nuvens das incompreensões logo são aclaradas pelo *sol* da razão que chega através dos diálogos saudáveis, facultando o entendimento daquilo que permaneceu obscuro.

A fidelidade no relacionamento com parceiro conjugal ou não, quando há compromisso sexual, é preponderante, porque demonstra a autenticidade do sentimento que a ambos envolve. Quando se apresentam falsas necessidades de novas experiências, defrontam-se transtornos emocionais, insegurança psicológica, debilidade de caráter ou futilidade ante a vida... A promiscuidade de qualquer natureza é sempre síndrome de desequilíbrio emocional e de primarismo moral.

A vida é feita de conquistas, e a monogamia representa um momento culminante da evolução sociomoral, quando os homens e mulheres compreenderam a necessidade do respeito mútuo, sem privilégios para um ou para outro sexo em predomínio aviltante sobre o parceiro.

O indivíduo, quando opta por um relacionamento com outrem, desejando maior intimidade – e a comunhão sexual representa o instante máximo de entendimento entre duas pessoas, sem o que as frustrações se fazem de imediato –, deve pautar a sua conduta em linhas de equilíbrio e dignidade, de modo a proporcionar àquele a quem busca a segurança psicológica para uma convivência confiante, relaxada, tranquila, sem o que sempre haverá desconfiança e ansiedade trabalhando perturbadoramente no convívio.

Faltando esses valores, que são imprescindíveis para que se estabeleçam e permaneçam os momentos de prazer e de paz, há somente predominância de paixões asselvajadas, no primarismo dos instintos de posse e de gozo, que produzem incêndios de sensações sem compensação emocional profunda e tranquilizante.

Mesmo quando os parceiros se comprazem e se sentem harmonizados, o medo de amar em profundidade manifesta-se de maneira falsa, disfarçado sob a justificação de que o matrimônio é escravidão, encarceramento, perda de liberdade...

O raciocínio infantil peca por falta de estrutura de lógica, porquanto, toda vez que se ama a outrem e se mantém um sentimento honesto, a liberdade, que antes era total, agora se expressa através da compreensão de que aquele que o acompanha faz parte do programa da sua existência, queira-o ou não, exceção feita quando esse convívio é aventureiro, sem profundidade, destituído de moralidade e de saúde emocional.

Os indivíduos neuróticos, psicóticos, porque desconhecedores do *Si profundo* que são, transferem as suas inseguranças e desequilíbrios para quem lhes comparte a existência, não desejando vincular-se-lhe, o que lhes impõe responsabilidade, antes desejando dominar e ser livres quão irresponsáveis, transferindo as suas cargas de desajustes para os ombros de quem os ama ou por eles se interessa.

Essa conduta diz respeito também àqueles que acreditam que não merecem a felicidade, que se encontram no mundo para sofrer e que *perderam o paraíso, atirados a este mundo de pesadelos e de amarguras...*

Tal conduta masoquista e mórbida necessita de terapia conveniente e cuidadosa antes de ser encetada a busca de relacionamentos exitosos, porque qualquer tentativa nesse sentido já se assinala como fracassada, em razão da ausência de compreensão do direito que todos têm de ser felizes, mesmo na Terra, já que a felicidade total não sendo do mundo, conforme acentuou Jesus, tem as suas raízes nas experiências de evolução no mundo, que é a abençoada escola das almas.

As castrações psicológicas, heranças dos sentimentos de culpa e de pecado, que provêm do passado, têm perturbado mais a Humanidade do que as guerras cruéis, que têm por meta o extermínio de povos e de raças, porquanto, na raiz desses conflitos, aqueles que os desencadeiam são psicopatas, vitimados por insânia visível ou virulentamente mantida nos arcabouços do inconsciente que os comanda nas atitudes e decisões infelizes.

Todo fomentador de luta insana é desvairado em si mesmo, embora a máscara com que disfarça a hediondez, e não conseguindo fugir da culpa que o persegue, procura atirá-la naqueles a quem combate em mecanismo doentio de transferência.

A afetividade é passo avançado no processo dos relacionamentos, principalmente quando se trata daquele que mantém comunhão sexual.

Todo relacionamento conjugal ou compromisso emocional com parceiro afetivo é um investimento emocional, correndo o risco de não se coroar da satisfação que se espera auferir. Isto, porém, ocorre em todos os fenômenos da vida humana e social. Quando os resultados não são opimos, fica a valiosa lição da aprendizagem para futuros e melhores tentames de felicidade.

O *risco* em qualquer empreendimento sempre constitui um desafio para o crescimento interior, sem o qual nenhuma tentativa é realizada para o desenvolvimento intelecto-moral do ser.

Qualquer experiência encetada nunca está assinalada antecipadamente pela exatidão dos resultados positivos e exitosos.

Um relacionamento conjugal, mesmo sem o vínculo matrimonial, porém responsável, une duas pessoas em uma, sem retirar os valores individuais de cada qual. A identificação faz-se lenta e seguramente à medida que se vão conhecendo os interesses e comportamentos que possuem, trabalhando-se para a harmonização de conduta, mesmo quando não se apresentem equivalentes. Manter-se a própria individualidade, sem ruptura da personalidade do outro, é atitude de segurança no convívio de duas pessoas que se amam.

Em um relacionamento feliz, a pessoa nunca se encontra autodefensiva, mas autorreceptiva, sabendo que todos os fenômenos daí decorrentes são aprendizagens para futuros comportamentos. Tratando-se de duas pessoas que se aproximam, é totalmente improvável que sejam iguais, no sentido de serem destituídas de personalidade, e que tenham sua forma de ser e de encarar a vida, não sendo obrigadas a mudar de conduta, somente porque se vinculem a outrem. Ocorre que a presença do amor faz que as diferenças de opinião e de comportamento diminuam as distâncias, preencham os abismos de separação, colocando pontes de afinidades e de interesses.

Desde que não haja a paixão de um impor a sua forma de pensar e de agir sobre o outro, nenhuma diferença constitui impedimento, quando são respeitados os direitos de continuar a viver conforme melhor aprouver, sem agredir a quem comparte a convivência.

Quando, porém, os indivíduos se escondem de si mesmos e buscam os relacionamentos com o pensamento de se manterem silenciosos e ocultos, sem que pensem em repartir os espaços interiores da afetividade plena, a dissolução do vínculo afetivo logo se faz, mesmo porque não chegou a ser realizado.

Assim, para que o relacionamento dessa natureza seja saudável, dependerá de ambas as partes, crescendo sempre na busca do melhor entendimento, mantendo suas próprias raízes, sem as alterar somente porque deseja agradar o outro, o que constitui uma ilusão, já que ninguém pode viver ao lado de outrem que somente quer ser agradado sem o interesse de brindar o equivalente ao que recebe.

A presença da *supermãe, protetora e vigilante* está projetada na esposa ou na companheira, que nunca deve aceitar essa transferência da personalidade infantil e não desenvolvida do seu parceiro.

Num relacionamento feliz não há manipulação nem mistificação, mas autenticidade sem agressividade e verdade sem rudeza...

Avançando na direção da meta de repartir alegrias e compartir júbilos, os relacionamentos, conjugais ou não, serão sempre saudáveis.

Relacionamentos sociais

Todo aquele que adquire madureza emocional no grupo familial e no conjugal, está preparado para os relacionamentos em esfera mais ampla, no agitado mundo dos interesses sociais.

Os relacionamentos sociais são de vital importância para os seres humanos. Quem não se relaciona no grupo social desintegra a personalidade e atormenta-se em sentido crescente.

O calor humano, no inter-relacionamento social, constitui fator básico para o crescimento psicológico, desenvolvendo a área da afetividade com toda a gama de sentimentos profundos que existem em germe no imo de cada ser.

O impositivo do instinto gregário responsável, de algum modo, pela sobrevivência das espécies animais, induzindo à convivência no grupo, desvela-se mais amplamente em emoções superiores que emulam à espiritualização, quando os sentimentos fraternais superam os níveis que agrilhoam o indivíduo aos automatismos primários.

O relacionamento social tem início quando o ser humano compreende a estrutura de tudo quanto o cerca e deixa-se envolver pelo ambiente em que vive, tornando-se parte ativa do mesmo. Relaciona-se então com os minerais, desenvolve os sentimentos de respeito e de admiração pelos vegetais, amplia a capacidade de amparo aos animais, trabalhando pela preservação de todas as formas viventes e, por fim, irradia-se na direção das demais pessoas como membros reais da sua família, partes integrantes que são da sua vida.

Nos reinos inferiores, o relacionamento é vivido apenas por parte daquele que pensa e que sente racionalmente, porquanto neles, ainda não existindo uma consciência que possa responder pelos sentimentos que lhes são direcionados, a doação é unilateral, com uma consequência sutil para quem a proporciona – o prazer de estar vivo e partilhar de todas as formas da vida.

Nos vegetais e nos animais, no entanto, essa experiência já se faz em dupla via, porquanto existe sensibilidade e, nos últimos, a presença de uma percepção mais desenvolvida, que permite a captação e a retribuição de tudo quanto lhes é direcionado.

Entre os seres humanos é que surgem os grandes desafios psicológicos, aqueles que decorrem do nível de consciência individual, do seu desenvolvimento de sentimentos, do estágio de maturidade em que cada qual se encontra.

Por essa razão, é indispensável que sejam criadas emoções que facultem união, intercâmbio, a fim de serem atingidos os objetivos básicos da existência corporal, que são as expressões da lídima fraternidade.

Nessa busca saudável de comunhão com os semelhantes, a alegria se irradia em forma de otimismo e de esperança, que são fundamentais à existência equilibrada.

Todo ser humano é portador de força criadora que se desenvolve através do relacionamento com outro da mesma espécie. Para o êxito do cometimento, torna-se fundamental o autodescobrimento, a fim de ser identificado o lado negativo que faz parte da personalidade, a face escura desse poder natural, evitando que predomine nas relações que sejam estabelecidas. Enquanto for ignorado esse ângulo ainda deficiente e perturbador, os desentendimentos entre aqueles que se buscam fazem-se predominantes em vez das identificações que os devem unir, porque cada qual pretende impor-se sobre o outro, olvidando que nessa atividade de relacionamentos não há valor que se sobreponha ou que se submeta, mas que todos se encontram no mesmo patamar de interesse e de significação estabelecendo linhas de perfeito respeito recíproco.

O bom relacionamento é aquele que resulta do contato que inspira, que emula e que proporciona bem-estar, sem conteúdos temerosos ou repulsivos, geradores de ansiedade e de mal-estar.

Cada pessoa tem algo para oferecer ao grupo social no qual se movimenta, e esse contributo é importante para o conjunto, que o não pode prescindir. Qualquer imposição que decorra do capricho egoico de algum dos membros, torna-se fator de impedimento para a saudável formação da sociedade. É por isso que os dominadores, os *poderosos,* aqueles que se impõem, tornam-se sempre temidos, mas nunca amados. As pessoas que normalmente os cercam e homenageiam, com as raras exceções que se referem àqueles que se encontram no mesmo patamar de consciência e com eles

O despertar do Espírito

se identificam, têm interesse pela posição efêmera de que desfrutam, pelas migalhas da projeção humana, porque são incapazes de se fazerem notadas pelas conquistas éticas, culturais ou de qualquer outra natureza superior, rastejando no nível mais servil e aproveitando-se daquela situação infeliz.

Desse modo, o indivíduo que admite a própria fragilidade, a sua humanidade, e compreende a necessidade da presença de outrem para avançar, está preparado para a convivência social, para um relacionamento eficaz. Enquanto nele predominem a presunção e a exclusiva autossatisfação, defrontará muitas dificuldades para se harmonizar na sociedade, porque não pode vencer a ambição mórbida da autoprojeção.

Quando alguém se nega o esforço de adquirir a capacidade de autopenetração, para que sejam identificados os problemas internos, e se apresenta a necessidade da fuga do convívio com o grupo social para uma existência solitária, está delineando o seu comportamento neurótico, que o expulsa do organismo geral, a fim de que estertore na problemática dos tormentos que se impõem, e inconscientemente neles se compraz.

Torna-se de alto significado, para um exitoso relacionamento social, que o indivíduo tenha a coragem de considerar a própria crueldade, os sentimentos ambíguos, os receios interiores, as inseguranças e a agressividade pessoal em uma análise honesta das dificuldades que lhe são peculiares, buscando superá-las, a fim de que não haja transferência de responsabilidade para outrem, ou consciência de culpa quando qualquer insucesso se manifestar nos intercâmbios buscados.

Quando se é capaz de vencer as imperfeições, sem as direcionar para os outros, têm-se condições para convívios saudáveis, harmônicos, o que não impede a ocorrência de desajustes e incompreensões que podem ser discutidos e diluídos, tendo-se em mira o objetivo de construir uma boa sociedade.

Um relacionamento psicologicamente maduro é sempre sustentado pela lealdade da convivência, na qual os propósitos que vinculam os indivíduos entre si são discutidos com naturalidade e sentimento de aprendizagem de novos recursos para o bom desempenho social.

Sendo cada pessoa um elo da imensa corrente que deve reunir todos os homens e mulheres, o ajustamento emocional ao grupo é indispensável, contribuindo para o fortalecimento da estrutura comportamental de todos.

A vida é uma mensagem de harmonia e de prazer, que emula à conquista de novos patamares de felicidade. Sem esses instrumentos de estimulação, os transtornos emocionais se instalam e o sentido de júbilo cede lugar à depressão e à infelicidade, que passam a constituir o cotidiano daquele que derrapa nas sombras dos desajustes emocionais.

Quando ocorrerem desencontros nos relacionamentos sociais, ninguém se deve permitir a veleidade de acusar o outro; antes se manter consciente de que ambos se encontram com dificuldades para uma boa identificação de interesses.

Normalmente acionadas pelos apetites sexuais, muitas pessoas acreditam que, em qualquer relacionamento, a libido deve desempenhar papel de alta importância, determinando a profundidade e o tempo de manutenção da convivência, não se sentindo capazes de manter vinculações destituídas desse tipo de jogo de prazer. Em tais casos, a insegurança e a imaturidade do indivíduo respondem pela forma de considerar o comportamento social, que deve ser colocado acima das sensações rápidas do desejo carnal.

Nessas buscas, em que se caracterizam os instintos primários, os resultados que se fruem são sempre fugidios e fastidiosos, exigindo sempre variações novas que mais atormentam do que plenificam, por isso mesmo, insuficientes para contribuir em favor da construção e preservação de um grupo social harmônico.

Mesmo quando o relacionamento tem por meta a satisfação sexual, se não existir maturidade psicológica nos parceiros, é óbvio que, passada a consumpção do ato, o tédio e o desinteresse dominem o indivíduo que nele não situa a conquista de objetivos mais profundos.

A criatura humana é muito mais do que os impulsos instintivos dos desejos servis. Espírito imortal que é, encontra-se programada para a superação das experiências primárias vivenciadas, rumando na direção dos sentimentos sublimes que lhe são a herança divina dormindo nos refolhos do ser.

A sociedade equilibrada deve funcionar como uma orquestra afinada executando especial obra sinfônica, na qual predomina a harmonia dos movimentos e das notas musicais sob a regência feliz do ideal que proporciona alegria e paz.

Para que isso seja logrado, o amor desempenha um papel especial: o de conseguir superar as dificuldades naturais da fase inicial de identificação, quando todos ainda não se conhecem e mantêm o compreensível receio de suscetibilização de um em relação ao outro, ou de não poderem corresponder ao que de cada qual é esperado.

O amor, em qualquer situação, produz *enzimas psíquicas* que contribuem eficientemente em favor do *metabolismo social,* produzindo o *quimismo* necessário à renovação de todas as suas células e do organismo total como efeito inevitável.

8
Sentimentos tumultuados

Conflitos de culpa e de vergonha • O medo e seus vários aspectos • Falta de amor

Os sentimentos são conquistas paulatinas do ser humano, que os desenvolve conforme os fatores ancestrais que lhe predominam em a natureza, na condição de herança genética e por consequência das condições ambientais: família, educação, sociedade.

Afirmam alguns psicólogos que a hereditariedade responde sempre pela criatura, seus atos, sua existência, tudo quanto lhe acontece internamente na área da saúde física, emocional – no comportamento – e psíquica. Em alguns casos, indubitavelmente se encontram com razão, não, porém, quando consideram que os condicionamentos sociais e a educação em quase nada contribuem para alterar o quadro anteriormente definido pelos códigos genéticos.

Sem dúvida, o ser humano é resultado do seu comportamento anterior quando, em existência passada, modelou o futuro que o aguarda.

Assim considerando, o Espírito imprime nos códigos genéticos de que se irá utilizar, tudo quanto se lhe tornará indispensável para o desenvolvimento intelecto-moral durante o processo de evolução. Não obstante, a educação no lar e na escola, o convívio social, alteram com vigor o seu comportamento e destino, construindo valores que podem modificar o processo anterior formulado para a recuperação espiritual, em face dos gravames antes cometidos.

Isso, porque a Justiça Divina jamais embaraça ou impede o esforço daquele que deseja recuperar-se de quaisquer comprometimentos; antes oferece os recursos hábeis para que o desenvolvimento espiritual se expresse da melhor maneira possível, porque o amor viceja em todas as ocasiões e circunstâncias, facultando a realização dos magnos objetivos existenciais.

O egoísmo, no entanto, que se encontra instalado em a natureza humana, responde pelas situações embaraçosas e desafiadoras que retardam a marcha evolutiva, criando impedimentos e transtornos complexos no processo da evolução.

Desse modo, os mecanismos castradores que afligem o ser resultam dos processos primitivos anteriores de competição e de crueldade que ainda assinalam o comportamento individual e social, gerando estorvos ao avanço. Como resultado imediato, facilmente os sentimentos se tumultuam e as expressões de timidez ou de violência, de agressividade e de medo se instalam com exuberância nas criaturas humanas, conspirando contra a sua realização interior.

Conflitos que remanescem do período primário tomam corpo então, alterando a conduta, que se manifesta assinalada por tormentos que se transferem de uma para outra reencarnação, como herança dos próprios atos, da qual ninguém consegue fugir.

Herdeiro dos seus pensamentos, palavras e atos, o Espírito imprime através do pensamento, nos tecidos sutis do psicossoma, os futuros fenômenos a que será submetido pela *Lei de Causa e Efeito*, que predomina na constituição espiritual da vida. Mediante o esforço de readaptação à ordem que foi perturbada pela sua insânia ou negligência, os sentimentos se modificam, contribuindo para uma conduta saudável psicologicamente, que se faz indispensável para a autorrealização e a paz.

Os sentimentos devem e podem ser trabalhados pelo pensamento, mediante fórmulas simples de esforço pessoal, que administrem as tendências perversas, cínicas, vulgares e ciumentas, responsáveis pela permanência nos conflitos perturbadores que tanto afligem os indivíduos.

À medida que sejam superadas quaisquer expressões de desequilíbrio, por menor que pareçam, há um como dealbar de madrugada formosa que acalma e enseja alegria de viver e de amar, ampliando as forças para o prosseguimento da tarefa.

Reflexão em torno das paisagens vivas e coloridas da Natureza, convivência com os animais e as criaturas, atividades de apoio e ensementação de vegetais, tudo quanto contribua para tornar o mundo melhor e mais belo, aureolado de vibrações de paz e de prece, transformam os impulsos cruéis em sentimentos de amor e compreensão do *milagre*, que é a vida em suas múltiplas manifestações.

Conflitos de culpa e de vergonha

Dois fatores essenciais fazem-se responsáveis pela conduta mórbida de quem carrega culpa e sente vergonha de ser humano, de apresentar-se conforme se encontra, e não consoante a fantasia mental a respeito de como gostaria de estar.

O esforço pela evolução é contínuo e assinalado por experiências de vária ordem, que constituem conquistas libertadoras.

O primeiro deles diz respeito aos registros no inconsciente profundo, resultantes de comportamentos inadequados ou destrutivos em outras existências ou na atual, que encarceram o ser em reminiscências perturbadoras que se encontram atuantes. Nesse caso, sentimentos controvertidos se mesclam nos processos normais das atividades patológicas, gerando situações de desconfiança e revolta, mágoa e insegurança.

Inadvertidamente, o paciente experimenta a desagradável sensação de haver escamoteado a verdade ou agido erradamente, sem que ninguém tivesse ideia ou conhecimento dos seus atos reprocháveis. Porque os dissimulou com vigor ou conseguiu negá-los com veemência, permanece-lhe a crença subjacente de que, num ou noutro momento pode ser chamado à prestação de contas ou desmascarado, tombando em descrédito ou sofrendo a zombaria de quem hoje lhe oferece confiança e amizade.

Acoimado pela culpa, foge dos relacionamentos de qualquer natureza, cultiva o mau humor, processa erradamente o que ouve, sempre considerando que todas as queixas e reprimendas, advertências e observações que o alcançam têm por meta censurá-lo, humilhá-lo, estigmatizá-lo...

Assim acreditando, inconscientemente arma-se contra a família, o grupo social, as pessoas com quem convive, sempre escudado na autocompaixão, na autopunição ou na autorrecriminação.

Esse indivíduo é muito difícil de ser aceito no convívio social, instável no comportamento que mantém e, não raro, é malicioso, quando não se faz perverso em mecanismo de autovalorização equivocada.

O segundo fator deflui da ignorância medieval nele ainda remanescente, que a tudo quanto ignorava, por parecer aético ou imoral, transformava em pecado, culpa, imundície, propiciando sentimentos ultrajantes e vergonhosos àqueles que passavam pelas experiências consideradas dignas de punição.

A vergonha de si mesmo assoma-lhe ainda hoje como sinal de permanência emocional nos dias sombrios da intolerância, considerando ignóbil ou vulgar, promíscuo ou sujo, todo e qualquer comportamento menos adequado ou mais primitivo, e assim se eximindo de culpa.

Apesar do conflito, prossegue mantendo a mesma conduta irregular através da ação oculta, quando as circunstâncias o permitem, ou mental e emocionalmente, desde que não seja percebida pelas demais pessoas a presença desses algozes internos que o atemorizam e o fazem sofrer.

Tudo aquilo quanto lhe parece ilícito e negativo, desde que conhecido, é vivenciado intimamente, sem testemunhas, em tormentosa busca de alegria e de prazer, que não se podem manifestar em razão das circunstâncias serem neurotizantes.

Pode-se acrescentar ainda que esses dois sentimentos podem ser decorrência de uma convivência doentia com os pais neuróticos e irritados, que gritam e acusam, que maltratam e agridem a criança que, se sentindo impossibilitada de tolerá-los, foge-lhes da presença, refugiando-se no seu quarto ou no mundo particular da imaginação.

Acusada de ser um peso nas suas vidas ou responsável pelos problemas e transtornos que experimentam, passa a sentir culpa, de que não consegue liberar-se, prosseguindo numa adolescência incompleta, na qual surge a vergonha da própria sexualidade, por parecer-lhe algo impuro.

Enquanto se encontra sob essa tensão do lar, incapaz de entender o conflito que experimenta, em mecanismo de furtar-se à situação constrangedora, divide a unidade da personalidade, o seu equilíbrio, e passa a vivenciar uma conduta esquizofrênica. Essa ocorrência pode ser profunda e funesta ou superficial e temporária, de acordo com a intensidade e a continuidade da conjuntura estressante. A questão fundamental nesse acontecimento se encontra na capacidade do *ego* em resistir à pressão ou submeter-se-lhe. No primeiro caso, adquire autoconfiança e integridade moral, enquanto que no outro, a cisão da personalidade conduz a uma crise nervosa que pode alcançar o colapso.

Trata-se de uma tortura moral e, às vezes, física, a que a criança não tem como resistir; e quando a mesma se faz frequente, através da agressão emocional e oral, por meio das críticas ácidas e acusações intempestivas, a *morte do espírito,* do ideal de viver, das motivações existenciais, se torna inevitável, gerando problemas profundos no seu comportamento atual e futuro.

O pior, no entanto, vivido pelos pais, é o que se expressa pela indiferença em relação à criança, dando-lhe a ideia de que é invisível, inexistente. Tal crueldade, executada pelos adultos, fere profundamente o ser que se inibe e perde o sentido existencial e o significado psicológico da vida.

A criança que sobrevive psicologicamente a esse conflito no lar torna-se incapaz de amar, sempre atormentada pelo ódio, que decorre do medo de novos sofrimentos, vivificando a amargura de haver sido *morta em vida.*

Os sentimentos de culpa e de vergonha são ambivalentes. A culpa tem a ver com pensamentos, palavras e ações tidos por errados sob o ponto de vista moral, enquanto que a vergonha resulta dos comportamentos considerados sujos ou inferiores.

Nos relacionamentos sexuais, podem expressar-se ambos os sentimentos, que são decorrentes dos fatores examinados e se exteriorizam como medo de amar, rejeição e castração, impedindo um relacionamento saudável quão plenificador.

Quando esses sentimentos não se manifestam com clareza, a raiva e a tristeza produzem distúrbios não só psicológicos como igualmente de natureza física, em forma de tensão muscular em muitas partes do corpo, dores generalizadas e angústia que se acentuam à medida que o paciente os nega ou tende a ignorá-los.

A culpa é uma carga emocional muito pesada e causadora de várias lesões íntimas, enquanto que a vergonha de condutas inadequadas ou de comportamento inconsequente se transforma em fator dissolvente da personalidade, que se busca anular mediante a autodepreciação e autopunição.

Desse modo, a solução para esses sentimentos conflitantes é a busca do amor como terapia, e depois como expressão de vida, porquanto nele se podem fundir todas as emoções, anulando as imagens *odientas* dos pais cruéis, ou superando as falsas conceituações da moral arcaica e hipócrita, que assinalaram muitos comportamentos religiosos ortodoxos e ultramontanos que eram utilizados para dominar os fiéis.

A intolerância para com atitudes tidas como imorais ou sujas é sempre resultado de conflito naquele que assume a postura de vigilante das virtudes e preservador dos denominados *bons costumes* ou convenientes condutas que servem a determinados interesses, nem sempre estruturados na dignidade ou objetivando o bem comum.

Quando o indivíduo atinge a maturidade psicológica aceitando totalmente o *Self*, pode identificar os problemas relacionados ao medo, à insegurança, à culpa e à vergonha, como fenômenos normais do processo de crescimento emocional e moral.

Aceitando essa fragilidade emocional, desaparece-lhe o sentimento de vergonha pelos limites em que se encontra e pelos conflitos que o assinalam.

Assim, pode-se dizer que esses dois sentimentos – culpa e vergonha – têm semelhanças de conteúdo, porque ambos coíbem a liberdade e proporcionam sofrimentos que devem ser ultrapassados e vencidos.

Enquanto forem reprimidos, desconsiderados ou negados, permanecerão como inimigos disfarçados, gerando inquietação e impedindo a realização pessoal.

Aceitando o corpo e suas funções, sem o sentimento de vergonha pelos seus impulsos primitivos, que levaram a comportamentos escusos, mais fácil fica o processo de diluição do conflito.

Da mesma forma, assumindo a culpa e trabalhando-a com naturalidade, o sentimento de perdão e compreensão aos pais e aos fatores que trabalharam para a sua instalação facultam-lhe o desaparecimento paulatino até a total desintegração.

O hábito saudável de aceitar-se como se encontra libera da autocrítica recriminatória, portanto, autopunitiva.

Para o cometimento da saúde, somente através de terapia cuidadosa e prolongada, acompanhada do esforço desenvolvido pelo paciente para autocurar-se, é que culminará o processo de libertação desses algozes mediante a entrega total ao *Self*, num relacionamento profundo, exteriorizando os sentimentos de forma equilibrada e compensadora.

De alguma forma, todos os indivíduos experimentam sentimentos de culpa e de vergonha, que fazem parte do contexto da sociedade ainda castradora e dos fenômenos psicossociais resultantes de conceitos derivados da busca do prazer e do poder, em vez do natural estímulo que deveria existir para um esforço constante em favor de ser-se mais e tornar-se melhor.

O medo e seus vários aspectos

O instinto de conservação da vida induz o indivíduo a manter receios em torno de tudo quanto é desconhecido, que se lhe apresenta como ameaçador.

A necessidade de segurança, tendo em vista a própria e a sobrevivência da prole, induz ao medo das ocorrências imprevistas, que se podem apresentar de maneira desastrosa.

Não obstante esse fenômeno se encontre ínsito na criatura humana como decorrência das experiências anteriormente vivenciadas, outros tipos de medo se apresentam como resultado de transtornos psicológicos, de atavismos ancestrais, de ansiedades malcontidas, de convivências perturbadoras.

Desse modo, manifesta-se de forma normal ou patológica, quando, no último caso, se experienciam alterações emocionais e físicas que conduzem ao pavor, responsável por graves consequências no comportamento.

Evidentemente, todos sentem medo em algum momento ou circunstância da existência física, o que é perfeitamente normal. Aqueles que reconhecem possuir o sentimento, com mais facilidade enfrentam-no, podendo controlá-lo, enquanto que, aqueles que o negam, mascaram-no e sofrem-lhe os efeitos perturbadores, tombando, não raro, em colapsos nervosos diante de situações embaraçosas, graves ou não, que exigem serenidade para decidir e valor moral para enfrentar.

 O medo pode resultar de causas reais ou imaginárias que o desencadeiam, produzindo os mesmos resultados emocionais. Não é exatamente o fato que se responsabiliza pelo acontecimento, mas conforme este é sentido ou compreendido pelo indivíduo, que se torna o fator desencadeador do medo.

 Existe um temor interno, que procede de vários fatores psicológicos que induzem ao medo de amar, de entristecer-se, de ser infeliz, de ter raiva, de fracassar no relacionamento sexual, de adoecer, de morrer, de ser incapaz de enfrentar situações inadequadas ou inesperadas...

 O medo também se expressa entre os animais selvagens de forma fisiológica, produzindo-lhes paralisia, que decorre do fato de se sentirem perseguidos ou atacados por outros predadores mais poderosos. Ante a imobilização natural que os toma nessa circunstância, tornam-se presas fáceis para os inimigos, sucumbindo-lhes ante a agressão.

 Da mesma maneira ocorre com o ser humano. Quando, porém, se consegue superar o momento do terror, que é o momento máximo do medo, e que pode ser rápido ou lento, recupera-se o equilíbrio, podendo-se discernir e tomar a decisão correta para escapar da situação afligente.

 Em razão da impossibilidade de autodefender-se, a criança sempre sente muito medo. O adulto sempre se lhe afigura como recurso de proteção e amparo. Quando isso

O despertar do Espírito

não ocorre, transforma-se-lhe na imaginação em motivo de terror, que sempre está preparado para afligi-la, maltratá-la, destruí-la, gerando-lhe pavor, que muitas vezes também a imobiliza, quando a situação é grotesca, violenta ou agressiva. Como decorrência, essa emoção perturbadora é instalada no infante pela imprevidência e ignorância dos adultos que preferem ameaçá-lo em nome da educação primitiva, do que orientá-lo e auxiliá-lo no discernimento e na compreensão dos fatos e ocorrências que a envolvem.

Desde os temores noturnos que são impostos pelos pais, amas ou irmãos mais velhos, até os naturais receios da sua constituição psicológica a criança vive o tormento de enfrentar o medo, tornando-se contraída, excitada, ou deixando-se arrastar para a pusilanimidade, passando a uma atitude passiva, doentia, inquietante...

O medo se manifesta no corpo através da tensão muscular, da rigidez de muitas partes do organismo, da contração do maxilar, que representam as reações fisiológicas produzidas por enzimas especiais que fomentam a ocorrência.

Nesse estágio, o paciente receia perder o controle e desvairar, o que mais o fragiliza e o predispõe a uma crise de desvario mental, a princípio momentânea, para agravar-se lentamente.

Esse medo constante predispõe à perda da identidade, que é de alto significado para a saúde mental. A identidade é parte essencial do equilíbrio individual, porquanto lhe constitui característica básica para o comportamento e a vida. Quando ocorre essa despersonalização, fica-se predisposto a um colapso mental, que também resulta da vigência da ira contínua, que se transforma em tensão, desde que por muito tempo controlada.

Na infância, quando faltam os meios de defesa da criança, ela tomba na urdidura perversa do adulto ou se torna rígida para não ceder às lágrimas, ao desespero, ou não reagir, com medo de punição mais rigorosa, refugiando-se na ira sob controle, que se prolonga por toda a existência, impedindo a naturalidade no comportamento, a afetividade espontânea, já que se encontra sempre sob tensão, não tendo valor para liberar-se através de uma catarse normal.

Por tal razão, é necessário que o paciente se conscientize do próprio medo, recuperando-se da infância atormentada, e tome as providências compatíveis para libertar-se da rigidez muscular, da tensão emocional, readquirindo a alegria de viver.

Da mesma forma, o medo da morte, que é herança ancestral, assim como resultado das crenças religiosas e superstições que elaboraram um Deus vingador e punitivo, ou do materialismo, que reduz a vida após a disjunção celular ao nada, o fenômeno natural da desencarnação se apresenta como tragédia, ou constitui um término infeliz para a existência humana, que sofre a dolorosa punição de ser extinta.

A visão transpessoal do ser confere-lhe dignidade psicológica, restaura-lhe o sentido de humanidade para o qual a Vida aplicou bilhões de anos desde o momento em que apareceram as primeiras *cadeias de açúcares na profundidade das águas oceânicas...*

A insegurança resultante dos fenômenos do comportamento familial no ninho doméstico, geradora de conflitos, desenvolve as tormentosas expressões do medo, quais a incerteza quanto à sexualidade e à sua prática, o fascínio pelas aberrações como válvula mórbida de escape, os receios da convivência social, geradores de isolamento e de sentimentos de inferioridade.

A fragilidade, orgânica ou não, os remanescentes das condutas infelizes em existências passadas, que imprimiram no inconsciente os mecanismos de reparação, também ressumam em forma de medo de enfermidades, que as pessoas cultivam inadvertida ou prazerosamente, contribuindo para muitos transtornos na área da saúde nos seus vários aspectos.

Como terapia para todos esses conflitos que geram medo, tornam-se indispensáveis a ajuda correta do psicoterapeuta habilitado e o esforço do paciente para libertar-se da ira sob controle, da amargura penetrante, conscientizando-se dos próprios limites e das infinitas possibilidades que lhe estão ao alcance, dependendo do desejo real de realizar-se e de ser feliz.

A libertação do controle inconsciente desses sentimentos perturbadores é de vital importância para a autorrealização. Muitas vezes o paciente não sabe como fazê-lo e nega-se a acreditar que se encontre com problema, o que mais dificulta a convivência com este.

Em uma autoanálise cuidadosa é possível identificar as dificuldades e trabalhá-las, recuperando o equilíbrio abalado desde os dias infantis...

É compreensível, porém, que permaneçam os receios naturais de tudo quanto se apresenta como desconhecido até o momento de identificá-los, de tudo quanto produz dor e sofrimento, não lhes evitando o enfrentamento, e avançando na sua direção com naturalidade e discernimento, a fim de ultrapassá-los.

Essa conduta resulta em uma atitude saudável perante a vida e si mesmo.

Falta de amor

De importância fundamental para a vida é o amor, sem o qual o ser humano permaneceria no primarismo dos fenômenos biológicos.

O amor vige em todas as expressões da Natureza, mesmo quando não identificado sob essa denominação, qual ocorre nas Leis que regem a Criação, expressando harmonia e ordem.

À medida que o ser abandona as faixas iniciais do processo da evolução, os instintos em predomínio em sua natureza imiscuem-se nas expressões do amor que tem origem divina e transformam esse sentimento em conflito, em reação, gerando dificuldade de comportamento e de crescimento emocional.

Lentamente, porém, o amor rompe as amarras em que se encontra detido e expressa-se através de incontáveis recursos que terminam por comandar as aspirações, as palavras e os atos das criaturas.

Vencer os degraus iniciais, superando os desafios naturais que surgem como consequência do trânsito nas faixas mais primitivas é o dever que a todos se faz imposto pela necessidade de adquirir e preservar a saúde nas suas variadas expressões e complexidades.

O amor é sentimento superior que brota espontaneamente no ser humano. Não necessita ser conquistado, nem se reveste de qualquer atavio exterior para impressionar ou atingir a sua meta.

Quando escasseia em alguém, aí estão encravados diversos conflitos, principalmente aqueles que resultam dos fenômenos perinatais perturbadores, da convivência doméstica difícil, dos relacionamentos frustrantes como também de problemas orgânicos que desenvolvem a amargura, a revolta, a tristeza e a sistemática desconfiança em razão de influenciarem o comportamento.

Em casos dessa natureza, torna-se imprescindível a análise dos fatores que desencadearam a problemática, a fim de serem erradicados, abrindo espaço para a vigência do sentimento afetivo.

Crianças que foram desamadas ou que vivenciaram um grupo familiar agressivo, de constituição grosseira ou vulgar, permanecem assinaladas pelos atritos emocionais e desajustes a que se viram submetidas, cerrando-se ao sentimento, por transferirem para a sociedade aquilo que lhes era comum na intimidade doméstica.

Bloqueando a capacidade de amar, por não se sentir amada, a criança encarcera outros sentimentos e tendências, impedindo-lhes o desenvolvimento em razão da ira e das mágoas que teve de acumular para sobreviver ou da dissimulação de que se revestiu, a fim de ser poupada pelos adultos perversos ou doentes que a cercaram, crivando-a de reprimendas, de golpes e de desinteresse emocional.

Existem pais que mantêm antipatia pelos filhos e o demonstram, traduzindo a insanidade em que jornadeiam, longe de qualquer respeito pelo ser que depende da sua proteção e orientação, desenvolvendo nelas reações mais violentas, que explodirão na adolescência ou na idade adulta contra a sociedade. Noutros casos, os mesmos se aprisionam no ressentimento ou *matam* a sensibilidade, tornam-se amorfos, depressivos, mentirosos, inseguros, desconfiados...

O primeiro passo para uma saudável terapia do paciente não amado e que tem dificuldade de amar, é auxiliá-lo a vencer a autocompaixão, procurando abandonar a postura de vítima e esforçando-se para recuperar o seu lugar ao sol das oportunidades de crescimento interior. Toda vez que se refugia na autocomiseração, deixa de lutar, abandonando-se ao estágio em que se conserva como ser infeliz, quando lhe cabe superar a dificuldade e construir a vida sob nova condição.

Logo após, identificar os fatores causais do transtorno e revivê-los corajosamente, desculpando aqueles que lhe foram motivo de embaraço e de tropeço, tornando a sua existência amarga e sem sentido.

Em uma análise tranquila do acontecimento, ao invés de evitá-la, dar-se-á conta de que o responsável pela situação penosa também foi desditoso, pois que assim ou pior fizeram-lhe aqueles que o cuidaram ou descuidaram da educação.

O sentimento de mágoa deve ceder lugar a um ato de compreensão do limite emocional e espiritual em que o outro – pai, mãe, amigo, grupo familiar – se encontrava, não lhe sendo possível haver-se desincumbido de outra maneira em razão da ignorância e do primitivismo em que se demorava.

É provável que o gerador da situação penosa acreditasse estar fazendo o melhor, porquanto, no seu nível de compreensão e de maturidade psicológica atormentada, essa era a medida de comportamento e o mecanismo para bem enfrentar os desafios existenciais.

À medida que se vai penetrando no entendimento dos conflitos alheios, tornam-se menores os próprios, e uma visão nova, otimista, da existência, toma o lugar daquela sombria por onde se transitava.

O amor é tão maravilhoso, que basta o desejo de abrigá-lo no íntimo e ei-lo que se encontra embrionário, passando a germinar e desenvolver-se.

O amor é o verdadeiro milagre da vida. Frágil, é portador de força incomum. Assemelha-se a essa persistência e poder do débil vegetal que medra em solo coberto de cimento e asfalto, enfrentando todos os impedimentos, e ali ergue sua pequenina e delicada folha verde de esperança.

É indispensável abrir-se ao amor, a fim de que o amor se assenhoreie do coração e passe a comandar as disposições existenciais, traçando planos grandiosos para o futuro.

O amor leva à integridade moral, quando se pensa que ele conduz à perfeição. Essa é uma aspiração de todo ser que pensa. No entanto, é conveniente não a confundir com o perfeccionismo, que resulta da luta íntima para ser melhor, para atingir metas inalcançáveis em tormentosa insatisfação em relação ao que se faz e ao que se deseja.

O perfeccionismo aflige o ser, que perde o parâmetro dos limites e, inquieto, complexado, tenta, por esse meio, demonstrar aos outros e a si mesmo o de quanto é capaz, embora nunca se satisfaça com o adquirido, o já realizado.

Normalmente resulta do medo de ser superado, de ser colocado à margem, de não merecer elogio ou destaque, tornando-se essa incerteza um flagelo interior que nunca se sente compensado com a alegria do dever cumprido, nem dos objetivos alcançados.

A busca da integridade moral, porém, que resulta do amor, deve ser a meta a ser atingida por todos aqueles que se preparam para uma existência feliz.

Quando não são encontradas diretrizes que estabeleçam as linhas básicas e os limites para a perfeição, o perfeccionista arrosta consequências dolorosas no comportamento futuro. Mas se persegue a integridade moral, física, emocional, conscientizando-se dos deveres e responsabilidades para com a vida, eis que a falta do amor que lhe não chega cede lugar à harmonia íntima e ao interesse de amar, devolvendo em carinho tudo quanto recebeu em acrimônia, porque sabe quanto aflige e magoa o desinteresse e a agressividade de que foi vítima.

O amor é terapia eficaz para vários distúrbios de comportamento, desde que o paciente se resolva pelo ato de ser aquele que ama, devolvendo à vida a grandiosa bênção da existência que pode tornar edificante e felicitadora.

9
Desafios afligentes

Luta pela vida • Desespero • Medo da velhice.

Existir é desafio psicológico de que ninguém se pode evadir.
Haver atingido a etapa da razão constitui a mais notável saga do processo da evolução no qual está engajada a vida.

Passo a passo, o psiquismo se desenvolve no ser embrionário, arrastando as experiências anteriores e tornando-as estímulos para o prosseguimento, mediante fenômenos automáticos que atingem a plenitude das suas funções a partir do momento em que conquista o patamar da consciência.

Alcançada essa etapa, cada realização se inscreve nos painéis profundos do ser como força para mais audaciosas conquistas ou permanência na retaguarda, na qual se demora o problema não solucionado.

As heranças dos instintos primários passam, nesse estágio, a ser substituídas pelo discernimento, que as vai monitorizando de claridade mental, evitando a conduta por impulsos, de modo que se estabeleçam as escalas de valores éticos para maiores desempenhos.

A personalidade se delineia então com os arcabouços que vêm sendo desenvolvidos nas experiências anteriores, podendo ser elaborada com contornos definidos e saudáveis ou estruturada mediante conflitos perturbadores.

O ser, na sua individualidade de textura, aprimora-se com os conhecimentos que adquire, desenvolvendo os sentimentos que lhe exornam o íntimo, de maneira a atingir a harmonia que busca.

Aspirações do bom e do belo, do ideal e do superior, são a tendência natural de cada Espírito em processo de elevação, a serem ampliadas pelo esforço de autoiluminação.

Registros de medos, angústias, violências, traumatismos decorrem de atavismos em permanência, não superados, como resultados do primarismo ainda vigente, que necessita ser trabalhado pela consciência.

Existir é também sentir, envolver-se, amar, desenhar projetos, caminhar no rumo das necessidades para equacioná-las, logrando a perfeita identificação entre estar e ser.

O grupo social, por isso mesmo, é resultado dos indivíduos que o constituem, agindo de acordo com a qualidade ética de cada um e de todos em conjunto.

A conscientização da individualidade é imprescindível para a elaboração da sociedade harmônica, que passará a influenciar-lhe ainda mais o desenvolvimento. A sua falta de responsabilidade, de integridade – essa consciência de dever e de retidão – resulta em um grupo infeliz, constituído de personalidades arbitrárias que agem equivocadamente, sem respeito pelas outras, nem consideração pelas notáveis conquistas da inteligência e da sabedoria.

O ser humano está mergulhado no rio da Vida e impelido a nadar na direção do porto de segurança.

Tendo como exemplo aqueles que chegaram em vitória à meta, transforma-se em orientador de quem segue com dificuldade, oferecendo-lhe técnicas e auxílios indispensáveis à superação de *corredeiras* e de abismos que nem sempre são visíveis.

Graças ao seu contributo, o desempenho é mais seguro e saudável, ensejando vitória rápida e compensadora.

O esforço, porém, terá que ser daquele que deve vencer a distância entre a atual situação e como deverá estar mais adiante.

A existência humana é capítulo da vida real, que se expressa por meio de etapas sucessivas, em que o corpo é um envoltório que propicia o desenvolvimento das notáveis possibilidades de que se constitui o Espírito procedente da Causalidade Universal Primeira.

Essa força para o crescimento, haure-a ele na realidade de si mesmo, ínsita nos painéis profundos da sua essencialidade, que foi elaborada pela Perfeição, candidatando-o à conquista desse incomparável objetivo que lhe está destinado.

Existir, sem o contributo da luta, dos desafios contínuos, é permanecer em estágio automatista do processo da evolução, não alcançando o significado psicológico maduro que diferencia os indivíduos e os promove.

Existir, no entanto, vencendo dificuldades e prosseguindo jovialmente, torna-se a experiência máxima da realidade espiritual, qual aconteceu com os grandes exemplos de saúde moral e emocional da Humanidade.

Demóstenes, por exemplo, esforçando-se até ao sacrifício para superar deficiências de pronúncias que o levaram a ser ridicularizado mais de uma vez, entregava-se a enunciar discursos e repetir poemas imensos com a boca cheia de seixos ou colocava-se ante a ponta de uma espada nua para manter boa postura física, trancando-se no quarto por vários dias, e mais tarde tornando-se o maior orador da Antiguidade.

John Milton, o poeta inglês, que foi reduzido à miséria depois da morte de Cromwell, de quem fora secretário, ficando cego, ditou à esposa e às suas duas filhas o incomparável *O Paraíso perdido*.

Beethoven, atingindo o máximo da surdez, compôs em êxtase várias sinfonias, destacando-se a *Nona*, que é considerada entre todas a mais bela e perfeita.

Thackaray, embora a esposa estivesse louca ao seu lado, sem a abandonar, escreveu *coisas espirituosas em circunstâncias mais próprias para o suicídio,* conforme declarou sem amargura.

A galeria de vultos que se entregaram à existência lutando contra o que se denomina adversidade é muito grande, porque compreenderam que a finalidade da vida é conquistar os patamares mais elevados, mesmo quando as circunstâncias aparentemente conspiram contra o êxito.

Ninguém, que se encontre no mundo em processo de crescimento e de saúde, que não experimente os camartelos definidores dos rumos para alcançar as cumeadas da felicidade.

Vencer os impedimentos reais ou imaginários é a que se devem dedicar todos aqueles que anelam pela harmonia.

Luta pela vida

A luta é o elemento indispensável para o crescimento interior do ser humano, o desenvolver-lhe das aptidões adormecidas, o recurso precioso para o seu engrandecimento. Através do empenho e dos desafios que proporciona, fende a concha do primarismo em que se encarceram os valores elevados e faculta-lhes o desabrochar e o atingir da plenitude.

Foi através da luta pela vida que os espécimes mais fortes venceram aqueles mais débeis que ficaram no passado... E quando essa força não provinha do volume ou do peso do corpo, o desenvolvimento da inteligência engendrou os mecanismos de superação de dificuldades mediante astúcia e técnica que colocaram o ser humano na parte superior da escala animal.

Cessadas as pelejas entre os predadores poderosos e o homem, surgem-lhe as fixações e os conflitos do seu desenvolvimento intelecto-moral, que lhe cumpre vencer, empenhando-se na conquista da saúde emocional e física, de forma a facultar o contínuo crescer das suas potencialidades psíquicas.

Remanescendo os desejos imediatos, herança das experiências nas faixas mais primitivas do processo de desenvolvimento, esses verdadeiros algozes psicológicos propelem o ser para o atendimento de tais impositivos que o aturdem, deixando-o quase sempre insaciado, mesmo após fruídas as sensações decorrentes do seu gozo.

A luta que aguarda o ser humano é longa e sem quartel, facultando-lhe a realização dos objetivos existenciais, mas também daqueloutros de natureza espiritual, que são fundamentais para o encontro da saúde integral, da plenitude.

Uma antiga tradição budista narra que Ananda era um jovem discípulo do *Iluminado*, que muito lhe dedicava afeição e devotamento, interessado na conquista da paz do *Nirvana*.

Sua beleza e a elegância de seu porte haviam feito dele um homem atraente e agradável, que a todos conquistava onde quer que se apresentasse.

Viajando, oportunamente, em um dia de calor, acercou-se de uma fonte generosa à sombra de árvore grandiosa e solicitou a uma jovem mulher que ali se encontrava lhe fosse oferecida uma concha com água refrescante.

Tomada de surpresa, respondeu-lhe a estranha: – *Não percebes que somos de casta diferente?*

Ele redarguiu: – *Eu só conheço uma casta, que é a Humanidade...*

Sensibilizada, a *impura* tomou a água com as mãos em concha e aproximou-as dos lábios de Ananda, que sorveu o líquido com alegria e agradecimento, dirigindo-lhe palavras de amizade e ternura.

Tocada pela gentileza e pela irradiante beleza do rapaz, a moça correu na direção do lar e pediu à genitora, que se entregava às artes mágicas, para que conseguisse que Ananda se apaixonasse e a pedisse em casamento.

A mulher experiente elucidou a filha que era muito difícil consegui-lo, considerando o devotamento do aprendiz ao mestre e a sua pureza de sentimentos.

Atormentada e insistente, a desditosa conseguiu sensibilizar a médium desvairada, que passou a dirigir o pensamento inferior no rumo do jovem, insistindo com Espíritos perturbadores para que lhe influíssem no comportamento.

Posteriormente, Ananda sonhou que se encontrava diante da jovem sensualmente despida, que o atraía, inquietando-lhe os sentimentos disciplinados. Por sua vez, a moça, tomada de desejos doentios, também sonhou com o seu eleito, entregando-se-lhe e impondo-lhe o matrimônio.

Buda, no entanto, meditando, captou a trama do mal e envolveu o jovem discípulo em ondas de paz, despertando-o para a realidade e atraindo-o de volta ao seu seio.

Não logrando o desejo inferior, a aturdida acercou-se do mestre e pediu-lhe que facultasse o seu casamento com o moço arrebatador, por quem estava apaixonada.

Sábio e justo, o antigo príncipe lhe disse:

— *Tu o desejas porque ele é jovem e belo. No entanto, após os primeiros momentos de convivência contigo, após utilizar-se das tuas formas, ele seguirá adiante, deixando-te. E se isso não acontecer de imediato, a velhice irá corroer-te a beleza, desaprumar-te o passo, fazendo que ele sinta horror por ti.*

Após uma pausa, concluiu:

— Tu não o amas. Apenas desejas a forma, o prazer, esque*cendo-te que aqueles olhos transparentes e brilhantes, que se umedecem com lágrimas também vertem pus; as suas fossas nasais igualmente expelem secreção apodrecida; o seu ventre guarda dejetos e todo o corpo se transforma com facilidade e rapidez em decomposição.*

O verdadeiro amor transcende a forma e alcança o ser real que nunca envelhece, nem degenera, permanecendo sempre belo e real.

Sensibilizada pelas palavras do sábio, ela pediu-lhe que a iniciasse na busca da iluminação, tornando-se-lhe discípula dedicada.

Anos mais tarde, quando já conhecia a Verdade, o mestre lhe disse: — *Agora já podes consorciar-te com Ananda.*

Ela, porém, redarguiu: — *Já não tenho qualquer desejo de posse. Encontrei a paz interior, na qual estão Ananda e todos os seres aos quais amo, havendo-me encontrado também.*

Essa busca do ser interior que se liberta das paixões constitui a grande luta da vida, erguendo-o das baixadas dos desejos mais perturbadores no rumo dos patamares elevados da consciência.

Todo um conjunto de observâncias surge convidando à sua sábia utilização, que vai alçando o pensamento e a emoção a mais elevados e nobres níveis de libertação dos desejos e das conquistas de um dia efêmero.

Esse admirável processo se desenvolve através do amor, que é o sentimento mais profundo que se conhece, e que tem início no ser inteligente, no vínculo entre o filho e a mãe, do qual decorrem realizações ou conflitos conforme a vivência desse elo.

Esse amor entre filho e mãe é a continuação do simbólico amor entre a criatura e o Criador ou a mesma criatura e a Natureza, que se transfere para quem conduz a gestação e atende por largo período o ser em formação.

Quando esse amor é correspondido, frui-se a mais perfeita felicidade, mas quando não se recebe resposta, experimenta-se uma dor profunda e diladeradora.

Quando ocorre a ruptura desse vínculo entre o filho e a mãe, surge uma forma de ameaça à estrutura da vida e o comportamento experimenta alteração inevitável, exigindo um grande percurso de reabilitação. Em vez, portanto, de uma brusca interrupção, deve dar-se uma amplitude de capacidade, na qual outras pessoas se tornam partícipes, aumentando a intensidade do sentimento.

O amor propicia mais amplas aberturas e expansão do *Self*, que se alarga alcançando a Humanidade inteira.

Não havendo esse prosseguimento o ser é atirado ao retraimento, à apatia, à contração, porque o amor proporciona alegria de viver e alegria de sentir.

Interrompido de forma rude, produz golpe no sentimento, e aquele que o perde passa a temer novas expressões de amor, não se abrindo nem se desvelando a outrem, o que induz a estados alienantes.

É tão marcante e profundo esse sentimento entre filho e mãe, por providência da Divindade, que ao desaparecer de chofre, o ser prosseguirá buscando-o, seja de forma consciente ou inconscientemente, e ao encontrá-lo na idade adulta, talvez tenha dificuldade de bem situá-lo no complexo da emotividade, não identificando o fator causal, se de natureza evocativa da mãe desaparecida ou se necessidade de ordem sexual ou fraternal.

Não é difícil, portanto, imaginar-se que o ser frustrado na infância, conduzindo a dor da separação afetiva com sua mãe, transfira para a esposa ou o marido, aquele sentimento dilacerado, procurando apoio infantil aos seus desejos não realizados, às suas paixões não superadas.

Quando, porém, esse amor é saudável e continuado, o ser consegue esparzi-lo com todos quantos encontra, mantendo-se seguro nas suas funções afetivas e sexuais, no comportamento fraternal e na convivência social, um adulto sempre capaz de desenvolver novos valores e aceitar desafios que o tornam cada vez mais credenciado a vitórias nas atividades que empreende.

Essa vinculação com outrem não pode ser imposta, antes tem um caráter de espontaneidade e alegria, quando dois adultos se dão conta que vibram na mesma faixa das emoções e cultivam aspirações que se harmonizam, sincronizando-se entre si. Naturalmente, não significa que sejam *iguais*, mas que saibam administrar as suas diferenças em face da identificação de interesses e objetivos na vida, o que concede aos indivíduos a verdadeira maturidade psicológica, resultado de um desenvolvimento harmônico de suas funções físicas e psíquicas.

Nessa fase, o ser já se libertou da ligação amorosa com sua mãe e passou a identificá-la com outro sentimento de respeito e de gratidão, preservando os recursos hauridos naquele relacionamento infantil, que agora se estenderão no rumo de todas as pessoas e do mundo em geral.

A luta pela vida, nessa ocasião, se transforma na conquista da vida, porque substitui os desejos imediatos pela alegria inefável de viver e de amar.

Desespero

Quando o amor filho-mãe foi frustrante e inquietador, o adulto transfere para outras pessoas a carência que se torna mórbida, apaixonada, insegura, aprisionadora. Permanece incapaz de realizar vinculações de respeito e de permuta afetiva, por projetar o conflito em outrem, para que o solucione, tombando em desespero.

A insegurança, que resulta do amor não vivenciado, conduz a comportamento de autodestruição, no qual se busca fugir da realidade por meio de mortificações e angústias, fobias e instabilidade emocional, que sempre desestruturam a personalidade.

Essa imaturidade psicológica aturde, produzindo estados de depressão ou de exaltação do *ego*, que se sente traído e não dispõe de apoio emocional para manter-se em equilíbrio.

Processos naturais de ressentimento assaltam o paciente e ele se desarticula interiormente, passando a experienciar os mais torpes conflitos.

Sem segurança interior, agride e fere desordenadamente, ao mesmo tempo em que, desinteressado da própria existência, tudo vê conforme o transtorno de que se sente vítima.

Uma terapia bem direcionada reestrutura-o, dando-lhe estabilidade interior de forma a compreender que os resultados da sua saúde emocional dependem exclusivamente da maneira pela qual sente a vida, contribuindo para torná-la melhor e mais rica de alegria.

O terapeuta dilui-lhe a imagem da mãe castradora, restabelecendo a sua identidade em consonância com a realidade, motivando-o a desprender-se da autocomiseração, descobrindo os valores que lhe jazem adormecidos, aguardando pelo momento de despertar e de produzir emocionalmente em favor da própria felicidade.

Somente quando compreende o valor que lhe constitui atributo natural, é que pode dispensar considerações às coisas e às pessoas que o cercam, à sociedade e às leis, à fé religiosa que não mais se lhe apresentará como transferência de aspiração, mas como objetivo de autorrealização.

Uma antiga lenda hindu narra que Shiva e Shakti, considerados o casal transcendente do panteão sagrado da sua religião, encontravam-se observando a Terra e os homens com os seus comportamentos variados.

Sentiam as dores humanas e procuravam diminuí-las, na medida das possibilidades, sem que, com isso, eliminassem os fatores causais dos sofrimentos.

Repentinamente, Shakti percebeu um homem pobre, coberto de andrajos, que jornadeava por longa estrada cujo fim parecia remoto.

Apresentava-se-lhe muito desgastado no corpo e na emoção. Suas vestes não passavam de um monte de remendos e trapos que mal lhe cobriam a nudez. As alpercatas gastas pareciam não mais ser úteis para o caminhante, tão deploravelmente se encontravam...

A deusa, tomada de compaixão, interferiu junto ao esposo, suplicando-lhe que concedesse ao homem infeliz um pouco de ouro, de forma que tivesse diminuídas as suas penas.

Sensibilizado pela interferência magnânima, Shiva observou o viandante e redarguiu, apiedado:

– *Não posso fazê-lo, porque ele não se encontra em condições de receber ajuda.*

Surpresa, ante a negativa, Shakti insistiu:

– *Queres dizer-me que não podes auxiliá-lo, colocando-lhe no caminho um saco de ouro?*

– *Não é isso* – respondeu o marido. – *Sucede que esse homem necessita aprender a receber, o que é muito diferente.*

– *Mas eu te suplico* – prosseguiu a esposa.

Shiva, com muita sabedoria, deixou cair um saco de ouro alguns passos à frente do viajante.

Quando esse se acercou, vendo aquele estranho volume no chão, passou de largo, reflexionando:

– *Terei hoje com que me alimentar ou voltarei a experimentar as agruras da fome?*

Subitamente, dando-se conta do volume, exclamou:

– *Que felicidade poder haver percebido esse impedimento no caminho!... Se estivesse distraído, poderia haver tropeçado nele e tombado no solo.*

E prosseguiu na sua marcha triste.

A imaturidade psicológica e o conflito tornam a vida menos saudável e cheia de suspeitas, que não é averiguada pelos transeuntes do processo da evolução. Mal equipados, tudo observam através das lentes escuras do seu desespero, sem a coragem de retirar os antolhos que impedem a visão clara da natureza e a compreensão dos desafios, que têm por meta conduzir o indivíduo a estágios mais avançados de crescimento interior.

Um saudável relacionamento entre mãe e filho produz efeitos benéficos no desenvolvimento do ser.

As matrizes do desespero encontram-se, portanto, fixadas no *Eu profundo*, que ressumam de experiências transatas, vividas em outras existências, que ora se refletem no comportamento, em razão das atribulações domésticas no seio familiar, com dificuldade de entendimento e convivência com a genitora e os demais membros do clã.

O criminoso, que ronda e ataca a sociedade; o traidor, que infelicita vidas; o maledicente, que se compraz em afligir; o caluniador, que descobre mazelas nos outros e as divulga com sarcasmo e exagero; o ingrato, que nunca está satisfeito com o que recebe, têm um passado familiar comum – o relacionamento infeliz, castrador, exigente, perverso, com a sua mãe.

A maternidade humana é mais do que um fenômeno biológico, tratando-se de uma experiência iluminativa e libertadora para a consciência, que descobre a necessidade de superação do egoísmo, de desenvolvimento dos valores morais mais expressivos, para que o amor se encarregue de dirimir dificuldades e estabelecer parâmetros de comportamentos sadios, sem os exageros do apego, ou do ressentimento, ou da transferência de amarguras e frustrações para os filhos, que se lhe tornam vítimas sem defesa...

Concomitantemente, o grupo social instável e egoísta, agressivo e insatisfeito, embalado pela tragédia do cotidiano, conspira em favor do desespero das personalidades fragilizadas, que transitam em agonia interior, sem um norte que lhes sirva de referência.

Em face dos relacionamentos sociais, por serem normalmente fúteis e sem profundidade, os indivíduos vivem exibindo máscaras com que disfarçam as suas dificuldades e apresentam ilusões no palco da convivência geral, desaparecendo o conforto moral da afeição legítima e desinteressada, do intercâmbio produtivo de ideias sem disputas ou invejas, do natural desejo de felicidade que deveria viger entre todos.

São atores, e não pessoas, mais ou menos bem-sucedidos no palco dos relacionamentos.

O desespero, que se encontra no imo, agiganta-se até explodir em transtornos psicológicos que levam à agressividade e à violência, ao despautério e à desestruturação do grupo social, às vezes, de forma cruel, como é a toda hora exibido na mídia caçadora de sensacionalismo.

A maneira eficaz de enfrentar o desespero face a face é através do autorreconhecimento das possibilidades infinitas que aguardam o interesse do paciente sob a orientação segura do seu terapeuta e da legítima disposição para realizar a parte que lhe diz respeito.

Em toda terapia enfrentamos o desafio do entendimento entre aquele que ajuda e aqueloutro que pretende ser ajudado.

O trabalho é feito em conjunto até o paciente encontrar-se *limpo* dos seus conflitos e oferecer-se segurança, para que avance com os próprios pés, igualmente libertando-se da dependência emocional do seu terapeuta.

Desperto para a realidade e disposto a enfrentá-la com tranquilidade, sem fugir dos fenômenos naturais do processo existencial, é possível desenvolver o amor e a alegria de viver, que se lhe transformam em objetivos fascinantes que brilham à frente, e que devem ser alcançados com intrepidez.

Ninguém consegue, caminhando, atingir o ápice da montanha sem haver atravessado as baixas e ásperas trilhas do sopé.

Assim também, a saúde psicológica e mental é sempre resultado da conquista das sombras das escarpas emocionais que sustentam o ser ainda em conflito...

MEDO DA VELHICE

A velhice é inevitável fenômeno biológico de desgaste que atinge todos os seres vivos.

Resulta do esforço mantido pelos equipamentos orgânicos, a fim de preservarem a sua funcionalidade.

A *terceira idade*, conforme se convenciona chamar hodiernamente a velhice, deve representar sabedoria, riqueza decorrente das experiências, período próprio para o repouso. Por outro lado, também se crê indevidamente que é a fase das enfermidades degenerativas, dos distúrbios emocionais, dos desajustes sociais e do enfraquecimento, quando já se perdeu a utilidade, em face da impossibilidade de contribuir-se para o bem da comunidade.

Em razão do conceito defasado em torno do envelhecimento, quando afirma que esse período é de sofrimento e amargura, muitos indivíduos passam a temer a velhice, porque também se aproximam da morte, como se essa não ocorresse em qualquer fase da existência.

O medo da velhice é muito cruel, tornando-se um verdadeiro tormento para quantos não consideram a existência física na condição de uma jornada de breve duração, por mais longa se apresente, passando por estágios bem delineados desde o berço até o túmulo.

Desequipados quanto à realidade – consumo de energias que propicia o envelhecimento celular e por decorrência os fenômenos biológicos que lhe são correspondentes –, afadigam-se na busca de métodos rejuvenescedores, de grupos especiais, nos quais seja possível repetir-se a ilusão da mocidade, desarmonizando-se interiormente e tombando em evitáveis transtornos psicológicos que se transformam em depressões e angústias profundas.

Ninguém pode reverter o quadro das ocorrências existenciais; no entanto, é perfeitamente normal compreendê-las, adicionando-lhes os agradáveis condimentos do prazer e da alegria de viver.

A velhice deve ser considerada inevitável e ditosa pelo que encerra de gratificante, após as lutas cansativas das buscas e das realizações. É o resultado de como cada qual se comportou, de como foi construída pelos pensamentos e atitudes, ou enriquecida de luzes e painéis com recordações ditosas ou infelizes...

Atravessar a existência – qual ocorre àquele que vence as estradas ou águas de um rio – sempre conduzindo com segurança o veículo de que se utiliza, é processo de realização existencial, que produz resultados compatíveis com a maneira de enfrentar o percurso na direção do objetivo.

Marco Túlio Cícero, o eloquente orador e filósofo romano, que viveu entre 103 a.C. a 43 a.C. – há variantes de dados sobre o seu nascimento e morte –, afirmava que havia quatro razões para que muitos achassem a velhice detestável: a) distanciamento da vida ativa; b) enfraquecimento das forças orgânicas; c) privação dos provocantes prazeres; d) proximidade da morte.

Verdadeiramente não é a velhice que responde por esses acontecimentos, embora eles também tenham lugar nesse período da vida orgânica, porquanto, em qualquer fase, enfermidades, acidentes, conflitos, problemas econômicos e sociais geram as mesmas consequências.

Em uma análise psicológica honesta, somente se distancia alguém da vida ativa quando perde o encanto, a alegria de viver, e o deperecimento de forças não lhe permite pensar. Eis que, preservando-se o pensamento ativo, tem-se oportunidade de manter-se útil, contribuindo positivamente em favor dos grupos familial e social.

A ausência de vigor físico e mental não é problema somente da velhice, mas resulta de outros fatores, especialmente naqueles indivíduos que têm uma existência atribulada, rebelde, derrapando no abuso de suas energias, nos problemas que decorrem da saúde abalada, e que é normal em qualquer idade. Não será pelo vigor dos bíceps que se pode medir a força de um indivíduo; porém, pela sua capacidade de administrar a existência, de enfrentar dificuldades, de resolver desafios, de lutar e vencer estâncias controvertidas.

Há o vigor para ensinar, para ajudar com a experiência, para nutrir de sabedoria, para conduzir o pensamento e não apenas para carregar pesos e exibir musculatura, conseguida às vezes com a ação de exercícios físicos sob anabolizantes...

Homens e mulheres em provecta idade prosseguem trabalhando e realizando obras memoráveis, enquanto jovens e maduros são incapazes de produzir realizações que os beneficiem ou sejam úteis aos demais.

Não se trata, portanto, de uma resultante da idade, mas da disposição interior de viver e de participar dos desafios humanos.

Conta Cícero, que o rei da Numídia, de nome Massinissa, aos noventa anos, quando viajava a pé ou a cavalo, fazia-o sem abandonar o recurso pelo qual optara para enfrentar a jornada, fosse sob sol ou chuva, sempre com a mesma decisão e energia.

A crença que afirma serem fracos os idosos está fundamentada em observação ligeira, que não se fixou na estatística dos valores reais da criatura humana. Há muitos jovens fracos pela sua constituição orgânica, o que os não impede de crescer e realizar-se. O mesmo ocorre com os velhos, que podem ser fracos ou fortes, com estrutura muito bem equilibrada ou deficiente, sem que isso lhes afete o comportamento social, espiritual e humano.

Naturalmente, a prática de exercícios de qualquer porte, correspondentes à faixa etária, alimentação bem orientada e saudável, pensamentos edificantes, leituras enobrecedoras, atividades gratificantes, constituem cardápio excelente para uma idade avançada tornar-se plena.

Políticos e administradores, escritores e poetas, cientistas e filósofos, religiosos e santos atingiram os seus momentos culminantes quando outros haviam deixado de lutar e disputar oportunidade de crescimento, utilizando-se dos valores da velhice para se apresentarem mais vitoriosos e felizes, oferecendo contribuição duradoura e brilhante ao mundo.

Com o deperecimento das forças orgânicas, nem sempre ocorre o mesmo nas áreas do pensamento, da emoção, do desejo de servir e de amar.

O despertar do Espírito

O hábito de pensar e agir desenvolve a retentiva da memória, facultando maior número de aprendizado que não se apaga. Tudo quanto é de interesse permanece, em detrimento das questões secundárias, sem importância, que uma seleção natural faculta desaparecer da mente.

À medida que o indivíduo se mantém ágil, exercitando a capacidade de pensar, superando a pecha de que na velhice mais nada se aprende, maior se lhe torna o desempenho intelectual, facultando-lhe não somente a preservação do patrimônio conquistado como a aquisição de novos valores.

A responsabilidade desempenha papel preponderante nessa fase, em razão do respeito pelos direitos alheios e confiança que neles se deposita, tornando os idosos verdadeiros exemplos para as gerações novas.

O prazer não significa somente aquilo que agrada em determinado período da existência física, mas tudo quanto proporciona alegria, bem-estar, felicidade, emulação para o crescimento interior, conforto, paz... Por isso mesmo, a escala de valores a respeito do prazer varia de acordo com a idade que cada qual desfruta. Quanto significa de volúpia em um momento, noutro desaparece completamente, perdendo-lhe o atrativo.

Há prazeres que despertam os sentidos e os excitam, com imediatas compensações desgastantes, como os há que estimulam os sentimentos e proporcionam demorado bem-estar. O prazer que consome por um momento não pode ser comparado com aquele que permanece agradável, mesmo após haver passado o seu clímax.

Provavelmente a busca do prazer, na adolescência e na madureza, pode ser o mais afligente da vida, sem que ofereça compensação compatível. Nessa fase, irrompem as paixões pelo ter, pelo desejar e querer sofregamente, por sorver a taça do gozo até o cansaço, logo seguido de frustração, numa intérmina correria atrás das novidades que, conseguidas, perdem o encanto, e conforme o direcionamento da ansiedade para alcançá-las, deixa marcas pesadas de remorso, culpa, desar, aturdindo a consciência...

Há, na velhice bem conduzida, uma natural resistência contra as *tentações*, aquelas que deturpam o sentido existencial e encaminham para as celas escuras da amargura, o que não significa que deixem de existir prazeres e atrações que podem ser vivenciados conforme o padrão orgânico.

Generaliza-se a crença de que o prazer está sempre associado ao sexo e ao seu uso, tornando-se, dessa forma, a velhice um período de decrepitude e de insatisfação.

Erram aqueles que assim pensam, porquanto há outras formas mais compensadoras de companheirismo, de convívio, de afetividade, sem a imposição do relacionamento sexual.

Narra Cícero que alguém indagou a Sófocles, o filósofo trágico da Grécia, já idoso, se ele continuava praticando o sexo. Tranquilo, ele respondeu que os deuses o preservaram disso! E prosseguiu: "É com o maior prazer que me subtraí a essa tirania, como quem se livra de um mestre grosseiro e exaltado".

Provavelmente, a superação das paixões, dos apetites sensoriais, das rivalidades infantis, das ambições desordenadas, leve o indivíduo a buscar silêncio e oportunidade para *viver consigo mesmo*, já que não teve tempo antes para fazê-lo, assim experimentando um incomparável prazer estético e espiritual.

É comum associar-se à velhice a rabugice, como se esta fosse privilégio dos anciãos.

Quantos indivíduos rabugentos, antipáticos, agressivos e mal-humorados em todos os períodos da existência!

A informação se deriva da observação precipitada em torno de alguns velhos, cujas famílias já se sentem cansadas deles, estigmatizando-os com epítetos deprimentes e cáusticos.

Aí estão os jovens irritadiços, exigentes, dispondo de toda a existência pela frente, como se ela estivesse acabando-se; e os velhos pacientes, confiantes, gentis... É certo que os há extravagantes, deficientes, nervosos, mas não constituem a maioria, e sim um expressivo número que chama a atenção.

A ocorrência da rabugice encontra justificativa na atitude que os adultos têm para com os idosos: desprezam-nos, depreciam-nos, levam-nos ao ridículo, subestimam-nos, provocando essas reações psicológicas. Somente aqueles que dispõem de resistências morais relevantes suportam com certa indiferença esse comportamento que alguns mantêm em relação à sua idade.

Naturalmente que a velhice aproxima da morte. Todavia, como é lamentável que uma pessoa, cuja existência tem sido larga, possa temer a morte, nunca se permitindo raciocinar que cada dia do currículo carnal é também um dia mais próximo da desencarnação!

O conceito materialista de que a morte arrebata a existência, sim, torna-se um suplício para o idoso, como para outra pessoa qualquer, por constituir-se condenação da vida ao aniquilamento. Em contrapartida, a certeza de que a alma, ao desvestir-se da matéria, retorna ao seu estado de Espírito, proporciona emulação para aproveitar-se todos os momentos terrestres, a fim de que o desprendimento se faça suave e profundamente confortador.

A velhice está próxima da morte, tanto quanto a juventude compartilha do mesmo fenômeno, e até mais, porquanto as enfermidades lhe são mais comuns, em face da falta de resistência orgânica, dos acidentes e das imprudências que se permite.

Temer a velhice constitui um injustificável comportamento, que deve ser superado mediante reflexões em torno do dia a dia, considerando-se que adormecer é uma forma de morrer, que enfermidade não é patrimônio da idade, assim como o deperecimento de forças e a falta de prazeres exaustivos não constituem recursos que interditam apenas os idosos.

A vida física tem um significado extraordinário, que é o de enriquecimento interior, preparação para a imortalidade, conquista de patamares mais elevados para o pensamento e para o sentimento no rumo da plenitude.

Viver integralmente cada momento existencial, desenhando o próximo com atividades renovadoras e espírito de combate, experienciando alegria e paz em todos os instantes, sem consciência de culpa pelas ações infelizes, que podem ser reparadas, nem tormento de pecado, que se transforma em conquista emocional dignificadora após harmonizar-se e agir corretamente, é o delineamento sábio e saudável que todos devem empreender em favor de si mesmos e da sociedade.

O homem que se autodescobre não mais permanece na indecisão, cultivando pensamentos perturbadores em atitude masoquista, mas empreende a marcha pela busca da sua autorrealização e da sua total harmonia íntima.

Envelhecer é uma arte e uma ciência, que devem ser tomadas a sério, exercitando-as a cada instante, pois que, todo momento que passa conduz à senectude, caso não advenha a morte, que é a cessação dos fenômenos biológicos.

10
SEM CONFLITOS NEM FOBIAS

Vitória sobre a morte • Encontro com a saúde
• Autorrealização e paz.

O medo da morte, que se encontra ínsito no ser, consciente ou inconscientemente, como mecanismo de preservação da existência física à medida que lhe ocorre o amadurecimento psicológico, cede lugar à confiança na vida.

Avançando de par com o progresso intelectual, o desenvolvimento emocional destrava os elos castradores e limitativos do comportamento, facultando o desabrochar dos legítimos sentimentos humanos, tais a amizade, a fraternidade, a esperança, a confiança, o amor, que facultam o entendimento dos mecanismos existenciais e do crescimento moral.

As amarras com os conflitos afrouxam os seus nós e o ser avança, a princípio timidamente, depois com decisão nos rumos da autoafirmação, porque aos receios sucede a coragem para a luta, ao sofrimento sobrepõe-se a alegria de viver, à depressão toma lugar a esperança de conquistar tudo quanto aspira, harmonizando-se e alcançando o equilíbrio interior.

Sob o tratamento para a libertação, o antes paciente se transforma em seu próprio psicoterapeuta, que não se nega a ser orientado pelo especialista capaz de facultar-lhe maior e melhor entendimento dos fenômenos que lhe dizem respeito, trabalhando-se com afinco para encontrar a cura real.

O medo da morte pode ter origem na infância. Quando mal informada, a criança experimenta pavor ante o desaparecimento dos seres queridos e, por consequência, da sua própria desintegração. Não absorvido esse temor, mais tarde se transforma em desequilíbrio que gera perturbação e transtorna o comportamento do indivíduo.

A falta de amor na infância é responsável por muitos males que afligem os adultos. A sobrevivência real de uma pessoa depende dos vínculos amorosos que foram mantidos com aqueles que a cercavam na fase infantil. Por outro lado, a falta de toque afetivo na criança, embora a assistência com cuidados e técnicas, pode responder por enfermidades graves e mesmo pela morte por anaclisia. Esse contato é fundamental, porque vitaliza o bebê, faculta-lhe o estímulo para todas as funções orgânicas e psicológicas, dando-lhe segurança. Quando falta esse acolhimento gratificante, a criança se faz submissa, ora pelo temor, ora se isola, dando curso a um processo de fixação neurótica, em face das ameaças e das explosões dos pais inseguros e atormentados, que alternam esse comportamento com expressões de amor-compensação, que não são absorvidas positivamente.

Como resultado dos sofrimentos dessa natureza que são impostos à criança, tem origem o medo da morte ou a sua necessidade como fuga à situação afligente.

Somente se rompendo em terapia esse medo, através do enfrentamento do problema, é que o paciente consegue compreender o fenômeno biológico sem o receio de extinção da sua realidade.

A vontade de lutar pela vida é o estímulo que conduz à ruptura do medo da morte, quando se encara com naturalidade o desgaste biológico que ocorrerá e a alegria de viver enquanto as possibilidades assim o permitem.

O despertar para objetivos mais elevados do que aqueles imediatistas, auxilia a compreender a funcionalidade existencial e o significado psicológico de se estar vivo, portanto, atuante e útil no contexto do grupo social no qual se movimenta.

A compreensão dos valores existenciais e as possibilidades de utilizá-los a benefício próprio ou de outrem, diminui o medo da morte, porque o tempo desaparece na sua convenção para significar alegria e luta, trabalho e compensação afetiva.

O importante não é viver muito, mas viver significativamente cada momento e a todos os instantes.

A morte, desse modo, não se afigura destruidora, mas uma interrupção momentânea no processo vital que decorre do organismo.

Xenofonte, o trágico grego, narra que Ciro, o Grande, rei da Pérsia, antes de morrer, dirigiu-se aos seus, despertando-os para a realidade do ser:

— *Meus queridos filhos, não creiais, depois que eu vos tiver deixado, que não mais serei alguma coisa e terei desaparecido. Durante o tempo que eu vivia entre vós todos, não distinguíeis minha alma, porém compreendíeis, através dos meus atos e dos meus gestos, que ela se encontrava em meu corpo. Ficai certos de sua existência, embora não mais se torne visível...*

O verdadeiro sábio, aquele que realizou o sentido existencial em plenitude, morre serenamente, porque entende que a sua experiência teve um começo, um desenvolvimento e é normal que atinja a meta da transferência para outro campo vibratório. O imaturo, aquele que se deixou conduzir pela futilidade e da vida somente buscou o prazer, é tomado pelo pavor da morte, imaginando a perda dos encantamentos e gozos que mais o fustigaram do que o fizeram repousar.

A morte, assim considerada, conduz o viajante da hospedaria terrestre para o seu lar verdadeiro.

Vitória sobre a morte

Em todo o Universo, o repouso não existe, já que o movimento incessante é a mola central do seu equilíbrio.

Da mesma forma, todos os fenômenos biológicos se encontram em intérmina alteração, através de cujo curso se alternam as moléculas que compõem e desestruturam formas, sem que se extingam.

O aniquilamento é só aparente, porquanto a pobreza dos sentidos materiais impede a sua penetração na complexidade das micropartículas em constante movimentação.

É natural, desse modo, que a morte seja uma realidade no mundo das aparências através de cujo mecanismo a vida estua.

Durante a existência orgânica o Espírito avança a cada momento para o desenlace material, por cujo meio desenvolve todas as aptidões que lhe estão em latência.

É compreensível e necessário que o ser inteligente reserve tempo para a reflexão em torno desse fatalismo inexorável. Postergar a meditação a seu respeito, por medo ou ilusão materialista, oculta imaturidade psicológica que o tempo descaracterizará.

Não será pelo fato de ignorar-se essa realidade que ela deixará de existir. Quanto mais se a analise e a compreenda, melhor para a sua superação, tornando-a parte do comportamento de toda hora.

Conflitos de variada ordem conspiram no indivíduo para que evite pensar na morte, gerando indisfarçável fobia sobre a ocorrência de que ninguém se furtará.

Observando-se a Natureza, facilmente se constata a organização que vige soberana, quando uma forma cede lugar a outra em contínua transformação, mantendo sempre a vida.

Os seres animais e particularmente o humano vivem o processo transformador de maneira significativa, alterando o conjunto e modificando a aparência, experimentando as alternâncias da saúde e da doença, da infância, da juventude, da maturidade e da velhice, até o momento da cessação dos movimentos e a consequente desorganização celular...

A morte é um suave meio para se adormecer e logo se despertar, cada qual conforme as condições adquiridas na experiência fisiológica precedente a esse momento.

Em todos os tempos, a morte mereceu cuidados e observações, tornando-se razão importante para o pensamento filosófico que, desejando brindar propostas sobre a vida, buscou-a para melhor elucidar os enigmas existenciais.

As revelações espirituais em momentosas comunicações entre os dois mundos – o material e o transcendente – deixaram marcas indeléveis sobre a continuidade do ser espiritual, que arrebataram todos aqueles que privaram do intercâmbio pulsante.

Psicologicamente, a morte parece significar a destruição, o fim, que o ser humano teme como recurso nobre para preservar a jornada física.

Apesar disso, fragilizado e transtornado, não poucas vezes, foge pela falsa passagem do suicídio, em tentativa de apagar a consciência ou de repousar, defrontando-a exuberante, para logo tombar em excruciante alucinação de desespero e frustração...

Ademais, quando a morte passa por um lar, torna-se detestada, por arrebatar o ser loução ou o enfermo querido, ou arrebanhá-lo cruelmente mediante a tragédia de um acidente, de um crime, da hediondez...

Mesmo nesses casos, é a grande libertadora que propõe o descortinar de horizontes felizes ao viajor que, recuperado dos débitos antes contraídos, prepara-se para receber aqueles afetos que virão mais tarde.

A vitória sobre a morte é inevitável, tendo-se em vista o próprio fluxo da vida.

No corpo ou fora dele, o *Eu superior* continua desempenhando papel relevante na sua historiografia iluminativa.

Pensando-se na morte, em vez de supô-la como devastação e sombra, deve-se considerá-la como harmonia e luz, que são as naturais consequências da luta evolutiva.

A vitória sobre a morte também se patenteia na alegria de superar-se sofrimento largo e insuportável, sem qualquer chance de recuperação, seja orgânica, mental ou emocional, quando a pessoa está devastada por enfermidades pertinazes e renitentes.

Outrossim, diante da velhice que já atendeu aos compromissos humanos e se deteriora, ante a inclemência dos fenômenos biológicos no seu desgaste ininterrupto, o cessar das turbulências da maquinaria física, abrindo novas portas de realizações e de crescimento espiritual, constitui a verdadeira dádiva da vida, a colheita de frutos sazonados, especialmente se o trânsito ocorreu em clima de dignidade e de elevação.

O desgosto, que toma posse daqueles que se viram defraudados pela *perda dos seres queridos*, embora traduza afetividade e carinho, também guarda uma alta parcela de egoísmo retentivo, que somente pensa em si, não se dando conta do que representa para o liberto a ruptura dos laços que o mantinham no carro celular em sofrimento prolongado.

Ante os seres limitados desde a infância em paralisias físicas e mentais angustiantes, a morte natural significa conquista de mérito que proporciona felicidade.

Passada a noite de aflição, rompe a madrugada de bênçãos, isso porque todos os conflitos e dores sem termo têm o seu nascedouro nos atos transatos, nos quais se equivocando, o Espírito armazena o tributo que deve ressarcir em novas experiências evolutivas.

A vida é, dessa forma, um permanente canto de louvor, de amor, de gratidão ao Criador!

Não obstante, organizada sob o ponto de vista de atração molecular, é somente aparência que se desestrutura, retornando à constituição inicial de energia que é, e no caso do ser humano, com a peculiaridade de pensar.

Tudo cessa na sua constituição organizada, para ressurgir em outra expressão igualmente harmônica, dando curso aos nobres objetivos da Vida infinita.

O silêncio, portanto, aparentemente tétrico, da sepultura, constitui ausência de percepção para captar as vibrações da fonte causal de onde todos os seres procedem.

Para que a vitória sobre a morte se faça plena, convém pensar-se, expressar-se e agir-se com amor, deixando-se na retaguarda, pelos caminhos percorridos, sinais luminíferos que apontarão a meta gloriosa que espera ser alcançada.

Ante a constatação do fenômeno *mortis*, é justo que se pense na realidade da vida, avançando com júbilo e sem temor na sua inevitável conquista.

A harmonia psicológica, resultante de amadurecimento espiritual, proporciona a visão otimista da vida sob qualquer aspecto que se apresente, porquanto a sua realidade independe de alguém encontrar-se no corpo ou fora dele, mas essencialmente do seu comportamento e atitude perante si mesmo e a Consciência Cósmica.

Encontro com a saúde

O processo psicoterapêutico que faculta o equilíbrio, auxiliando o paciente a eliminar as enfermidades reais, psicossomáticas, imaginárias ou traumáticas, que se apresentavam perturbadoras, leva, inevitavelmente, a comportamento desafiador, qual seja o da identificação das elevadas potencialidades de que dispõe para o enfrentamento com a própria consciência.

Rompendo as algemas que o prendiam aos estados fóbicos e de sofrimentos variados, começa a sentir a claridade abençoada do sol primaveril do autoencontro e as possibilidades, antes inimaginadas, que lhe estavam ao alcance, enquanto recalcitrava e se atormentava na masmorra do encarceramento pessoal.

A liberdade de pensamento e de ação é conquista lenta, que deve ser demarcada com vitórias sobre as pressões e condicionamentos psicológicos, morais e sociais.

A pouco e pouco, enquanto a consciência desperta para os valores éticos relevantes e a necessidade da plenitude, alteram-se as paisagens antes afligentes, porque há mudança no ângulo de observação dos quadros da vida, que é sempre generosa e rica de dádivas, cabendo a cada ser humano retirar a parte que melhor o atende e o felicita.

A saúde legítima não é algo que se busca fora da própria realidade, qual o medicamento que se encontra numa farmácia aguardando para ser utilizado... Trata-se de um esforço que o paciente tem o dever de empreender, a fim de alterar o quadro de considerações em torno de si mesmo e dos outros, da Natureza e das suas Leis, de modo a identificar-se com o *Eu profundo* e avançar no rumo das conquistas íntimas, imponderáveis e valiosas para a sua harmonia.

A ruptura das condições inquietadoras exige decisão e terá que ser feita pelo próprio indivíduo. O seu psicoterapeuta é alguém que lhe ensina o método, que demitiza os impedimentos, que o conduz ao encontro de todos os recursos que possui e permanecem esquecidos. O trabalho, porém, é pessoal e intransferível, exigindo interesse consciente e pleno pela conquista da harmonia, antegozando, passo a passo, a alegria de cada degrau conquistado e daqueles que deverão ser vencidos.

Irrompe no íntimo, nesse comenos, a alegria de viver, descobrindo-se quanto se é útil ao contexto social, e como é importante a contribuição que se pode oferecer à sociedade, a fim de que outros igualmente encontrem o caminho da autorrealização.

Não raro, enfermos com doenças degenerativas como o câncer, a AIDS e outras, desfrutam de imensa alegria por estarem vivos e lutando contra a conjuntura existencial, sem arrefecerem o ânimo, antes confiantes nos resultados saudáveis das terapias médicas especializadas, fruindo em cada momento o máximo das experiências, sem preocupação com o tempo que lhes resta. Para muitos, tais problemas orgânicos constituíram verdadeiras bênçãos, porque os despertaram para outras realidades mais vigorosas e caras ao sentimento, e que antes ignoravam.

Sem lamentações, enfrentam as injunções penosas com tranquilidade estimulante, desfrutando de *estado saudável*, enquanto diversas pessoas, catalogadas como sadias, escondem a sua situação em conflitos tormentosos, somatizando distúrbios que as levam a enfermidades injustificáveis, ou cultivam perdas, ausências, necessidades que podem ser facilmente superadas, desde que se resolvam por enfrentar as condições desafiadoras do momento, que sempre cedem lugar a outras de caráter diverso.

A doença somente é impedimento para quem se recusa a alegria de existir e receia enfrentar a conjuntura, que considera limitadora para a sua felicidade.

Pode-se viver com equilíbrio, mesmo que sob algumas limitações, perfeitamente superáveis.

Quando se crê que a enfermidade é uma desgraça, que a tudo impede, ei-la que assim se manifesta, gerando embaraços e até imobilizando o paciente. Se, no entanto, a visão é otimista e rica de resignação dinâmica, que não se submete ao seu impositivo, mas luta por superá-lo, transforma-se em experiência positiva para que os objetivos existenciais sejam alcançados.

A existência humana é uma sucessão de quadros comportamentais que se alternam incessantemente, proporcionando enriquecimento de experiências a todos quantos se encontrem interessados na construção da sua realidade.

A autocompaixão e a autocomiseração têm que ceder o passo à autoestima, à autovalorização, de forma que todos os investimentos da vida sejam convidados a realizar os papéis para os quais existem nos diversos painéis da vida. E esse desempenho resulta da contribuição do ser humano, que está sempre convidado a mudanças, crescendo com as conquistas realizadas e encontrando novos campos a joeirar, o que o torna mais digno de viver.

Uma antiga lenda hindu narra que um homem tinha o hábito de conduzir água do poço à casa do amo, carregando dois potes que atava a uma vara carregada transversalmente sobre os ombros.

Um dos potes, porém, era rachado, o que causava prejuízo, em face da água que se perdia no transporte entre a fonte e o domicílio.

Não obstante, o aguadeiro continuava o seu mister sem apresentar qualquer mal-estar.

Sempre quando chegava e ia derramar a água no depósito, percebia que somente conseguira trazer um pote e meio do precioso líquido.

Consternado com a situação, o pote rachado, oportunamente, à borda do poço, falou ao carregador:

– *Lamento o prejuízo que te proporciono. Infelizmente, em face da minha rachadura, deixo que se perca metade da água que conduzes pelo caminho. Sinto-me confundido e infeliz.*

O modesto carregador, no entanto, respondeu-lhe:

– *Não te preocupes com isso. Eu reconheço esse prejuízo; porém, resolvi transformá-lo em lucro. Vem ver comigo. Observa que o lado por onde derramas a água está bonito, em face das plantas, flores e cores que esplendem. Muito bem, como eu me dei conta de que irrigavas esse lado da estrada, resolvi semear-lhe flores, e eis o resultado...*

O pote rachado, entretanto, redarguiu-lhe:

— *Apesar disso, somente conduzes um pote e meio com água em vez de dois, e isso traz-te dano.*

— *Enganas-te* — ripostou-lhe o aguadeiro. — *Graças à sementeira que fiz e à tua irrigação natural, diariamente ali colho algumas flores e adorno a casa do meu amo, o que muito o alegra e felicita. E isso devo a ti...*

É sempre possível transformar limite em harmonia, falta em completude e ausência em esperança.

Dependendo de cada um, aquilo que é escassez, de alguma forma poderá converter-se em lição de vida, proporcionando equilíbrio e prazer.

A ausência de determinados padrões do que se convencionou chamar saúde total, com habilidade e criatividade se transmuda para utilidade e riqueza emocional.

O encontro com a saúde é fácil, a sua preservação torna-se, porém, um grande esforço que necessita ser mantido com espírito jovial e criativo, a fim de que os pequenos *acidentes de percurso* não se transformem em desequilíbrio e rebeldia.

Um coração jovial e um espírito amável resolvem quaisquer problemas proporcionando saúde e paz, já que o trânsito orgânico se caracterizará sempre por pequenos convites à reflexão e à manutenção dos objetivos abraçados.

Autorrealização e paz

Procurar entender o reservatório do *inconsciente* humano, em paralelismo com o consciente, que é conforme a capacidade de entendimento de cada um, tem sido a labuta afanosa dos pensadores e estudiosos do ser através dos tempos.

A partir de Leibnitz, com a teoria das mônadas – cuja diferença entre si estava na forma lúcida como cada qual entendia o mundo, desde o estágio mais inconsciente da alma – que constituem a matéria, até a suprema mônada, que é a consciência superior e absoluta ou Deus, tem início uma nova formulação do ser.

Essa teoria sofreu alterações nas interpretações do *inconsciente* conforme cada filósofo, tais Hegel com a sua dialética, Schopenhauer com a sua conceituação de *vontade* apresentada na teoria do *inconsciente absoluto*, que se expressa continuamente nos diversos planos da vida, quais o físico, o psíquico e o metafísico, significando a base, a lógica do mundo, a diretriz de segurança, rumo único para desenvolver-se e alcançar a plenitude da consciência ou da salvação e redenção de tudo quanto existe.

Freud, como psiquiatra, melhor do que ninguém se adentrou no profundo do ser, mediante o seu *inconsciente*, já percebido por Carus e Nietzsche. Freud, porém, através da Psicanálise, conseguiu elaborar um sistema através do qual a consciência se revela somente em uma parte, que se manifesta como deformada da vida psíquica, que somente será desvelada quando seja possível reunir em um mesmo estudo o *inconsciente*, o consciente e o subconsciente do ser humano. Praticamente todos os fenômenos da vida humana se iniciam e passam pelo *inconsciente*, onde se encontram as tendências libidinosas, que permanecem esmagadas pelo critério decorrente da censura elaborada e mantida pela consciência.

Prosseguindo nas pesquisas do mestre, Carl G. Jung concluiu pela realidade do *inconsciente coletivo*, que reúne todas as realizações e vivências das gerações passadas, inclusive as animais, por onde teria passado o ser humano, apresentando as suas consequências na expressão atual.

Aprofundando-se, porém, a sonda da investigação no abismo do *inconsciente* humano, as heranças coletivas constituem as experiências individuais das reencarnações anteriores, proporcionando o armazenar das conquistas e prejuízos que permanecem na memória extracerebral – no perispírito –, não poucas vezes ressumando em paz, quando saudáveis ou em conflitos, se procedentes de erros e defecções morais.

São esses comportamentos infelizes que geram, na conduta psicológica, os tormentos de difícil compreensão psicanalítica, por transcenderem à atual existência corporal.

Absorvidos pela personalidade, que se apresenta conflitiva, instalam-se e refletem-se na libido – a vigorosa herança dos instintos primários –, responsável por inumeráveis distonias, ansiedades e transtornos fóbicos.

Buscar a terapia da autoconsciência constitui o recurso valioso para a aquisição da saúde e da harmonia, que se interdependem.

O Espírito é o arquiteto seguro do próprio destino, por meio das condutas que se impõe.

Refletem-se em cada existência as aquisições saudáveis ou mórbidas, que dão curso ao equilíbrio ou à insanidade.

Castradoras algumas das injunções pretéritas, que o *inconsciente* exige do indivíduo, aguardam cuidados especiais para serem superadas e diluídas.

Não poucas vezes manifestam-se como rigidez corporal, tensões musculares, como se *anéis* vigorosos imobilizassem o paciente, que se angustia em processos respiratórios deficientes, entrecortados, inibidos, como resultado de ocorrências perinatais, tormentos experimentados na infância, mas cujas matrizes remontam às existências passadas, desencadeadoras dos mecanismos aflitivos da atualidade...

Em casos dessa natureza, a terapia bioenergética de Reich propicia a libertação dos movimentos, a aceitação do corpo, rompendo os elos retentores e facultando a integração harmônica do *ego* com o *Self*, sem prejuízos psicológicos para o ser consciente.

Em outros conflitos mais complexos, nos quais as heranças do *inconsciente coletivo* são mais constritoras, as propostas freudianas, junguianas, behavioristas oferecem mananciais terapêuticos de resultados eficientes e libertadores.

A realidade, no entanto, é que nesse empreendimento – a busca da autorrealização e da paz – todos necessitam da experiência e das terapias especializadas, de que se fazem instrumentos os verdadeiros missionários das ciências psíquicas e psicológicas para a saúde e o bem-estar, a paz e a alegria perfeita.

Em qualquer processo, todavia, o ser desempenhará sempre um papel fundamental para a própria recuperação, qual o da autoconsciência, da conquista do *Si*, para que a saúde real e a paz legítima se lhe instalem nos painéis existenciais, facultando-lhe a alegria plena de viver.

Nem sempre a paz será a placidez das águas tranquilas que, às vezes, repousam sobre decomposição orgânica e morte, qual sucede nas regiões pantanosas...

A paz resulta da consciência sem choque com o *inconsciente*, que a irriga de ideais superiores e a estimula às realizações enobrecidas. Não impede que surjam novas refregas, consistindo em equilíbrio perante os desafios e confiança no desempenho das tarefas.

Superando a fase dos conflitos, o indivíduo constata a excelência dos resultados dos esforços envidados, ora manifestando-se como bem-estar.

A marcha da evolução, no entanto, não cessa na autorrealização e na paz, que são de momento um clímax, facultando abrirem-se novos painéis de progresso, porque é inestancável a marcha para o Infinito.

Nesse processo vitorioso, o Espírito se despe das escamas pesadas do *ego*, resultantes das reencarnações e consolida o *Self*, que o alçará às cumeadas dos altiplanos, para levantar voos mais audaciosos na direção de Deus, que o aguarda através dos milênios de evos.

Vencer as sombras densas para alcançar a luz imarcescível; libertar-se das doenças e dos transtornos psicológicos; alargar a percepção da realidade, saindo da estreiteza dos limites em que se encarcera; diluir barreiras do pensamento pessimista em favor do idealismo altruísta – eis a saga esplendorosa que deve ser encetada por todos os seres humanos que nascem como *princípio inteligente* e atingem a glória solar em êxtase de autorrealização e paz.

Este livro foi impresso na
LIS GRÁFICA E EDITORA LTDA.
Rua Felício Antônio Alves, 370 – Bonsucesso
CEP 07175-450 – Guarulhos – SP
Fone: (11) 3382-0777 – Fax: (11) 3382-0778
lisgrafica@lisgrafica.com.br – www.lisgrafica.com.br